Carlos Cuauhtémoc Sánchez

**LA NOVELA DE NOVIAZGO Y SEXUALIDAD
MÁS IMPORTANTE DE LOS ÚLTIMOS TIEMPOS**

ISBN 978-607-7627-07-4

D.R. © Carlos Cuauhtémoc Sánchez. México, 2018.
D.R. © Ediciones Selectas Diamante, S.A. de C.V. México, 2018.

Mariano Escobedo No. 62, Col. Centro, Tlalnepantla Estado de México,
C.P. 54000. Miembro núm. 2778 de la Cámara Nacional de la Industria Editorial Mexicana.

Tels. y fax: (0155) 55-65-61-20 y 55-65-03-33
Lada sin costo: 01-800-888-9300 EU a México: (011-5255) 55-65-61-20
y 55-65-03-33 Resto del mundo: (0052-55) 55-65-61-20 y 55-65-03-33

Correo electrónico: informes@esdiamante.com
ventas@esdiamante.com

www.ccsescritores.com
www.editorialdiamante.com

Antes de comenzar

—¿Quieres tener sexo?

Mi pregunta fue tan directa que bajaste la cara, mostrándote agraviada. Diste media vuelta con intenciones de salir.

—Espera...

Te detuviste en el umbral de la puerta. El escote triangular de tu vestido, dejaba a la vista la piel blanca de tu juvenil espalda.

—No te disgustes —me acerqué—. Eres una mujer muy hermosa. Miles de hombres darían cualquier cosa por tenerte y me atrevo a suponer que ésta sería tu primera experiencia... Pero antes, me gustaría que supieras algunas cosas sobre mi pasado.

Te volviste muy despacio con gesto desafiante.

—Muy bien. ¿Qué es exactamente lo que tratas de decirme?

Quise entrar en materia pero no conseguí más que tartamudear. Tu actitud apremiante y molesta bloqueó toda posibilidad de comunicación profunda. Hilvané un par de mentiras para eludir la escabrosa situación y di por terminada mi confidencia.

—¿Algún día me contarás la verdad?

Asentí con tristeza.

No te despediste al abandonar el lugar.

Apenas me quedé solo, busqué una hoja para escribir.

Después de un rato detuve mi escrito y observé la prolija carta mientras limpiaba las lágrimas de mi rostro.

Soy un amigo que nunca te traicionará.

Traicioné a muchas mujeres en el pasado y, créeme, sufrí tanto por ello que no volveré a hacerlo jamás.

1

Las motivaciones sexuales

Hechizado por las bellas y voluptuosas formas de Joana, la miraba de hito en hito conversar con sus amigas a unos metros de distancia.

Ocasionalmente giraba la cabeza para asegurarme de que su corpulento galán no llegara. Tal vez había terminado con él y ahora estaba disponible... Apreté la mandíbula: No debía hacerme ilusiones. El hecho de que la mujer más bella de la escuela estuviera sola en la fiesta de fin de curso y que, por coincidencia, tampoco yo fuera acompañado, no significaba que el destino quisiera nuestra unión. De cualquier forma, la ansiedad me invadió, como ocurría siempre que vislumbraba la posibilidad de una aventura sexual.

Cursaba el cuarto año de la carrera de odontología y me consideraba experto en placeres corporales. Había aprendido (después de varios insultos y bofetones) a seducir mujeres con sobrada destreza. Era capaz de oler las posibilidades de un encuentro íntimo y, cuando echaba el ojo a una joven, casi siempre lograba conducir un romance con ella hasta las últimas consecuencias.

José Luis, el único profesor (joven y libertino) que se prestó a acompañarnos a la fiesta de despedida, se aproximó a mi mesa.

—¿Qué te pasa? —Preguntó dándome un efusivo golpe en la espalda—. ¿Te libraste al fin de Jessica, la "Virginia-casta"?

Reí con reserva. En el ambiente universitario los chismes corrían rápidamente y no era de extrañarse que José Luis estuviera enterado de mis conquistas más importantes. Además, era un profesor amigable a quien alguna vez me acerqué para pedirle consejos.

—Sí —le contesté—. Terminamos hace un par de días. Tú sabes: Jessica es de esas chicas que te complacen sólo con la condición de casarse al día siguiente.

—Lo suponía. Y ten cuidado. En esta época hay varios millones más de mujeres buscando matrimonio que hombres, así que...

Asentí sin contestar.

Observé que Joana se ponía de pie dirigiéndose al tocador. Quise incorporarme para ir tras ella, pero la presencia de mi profesor de anatomía me lo impidió. Contemplé el extraordinario cuerpo de mi compañera alejándose. Llevaba un vestido de algodón extremadamente ceñido, como los que usan las bailarinas de ballet, con un amplio escote en la espalda y un atrevido agujero al frente que ventilaba, a la vista de todos, su ombligo y su vientre plano.

—Esta noche no se salva —susurré para mí.

—¿Decías algo?

—No, profesor... es simplemente que... —me detuve valorando lo que significaba conversar a solas con José Luis en un ambiente de igualdad. Podía preguntarle cualquier duda que en clase hubiera sido impropio mencionar... Y mi maestro era un joven sexualmente experto, que además de tener instrucción académica comprobada, había vivido en unión libre tres veces.

—Hay asuntos que no comprendo —retomé—. ¿Por qué las mujeres son tan impredecibles? De pronto se te ofrecen envueltas en una nube de romanticismo y al rato están agobiadas por la culpa y la tristeza; a una hora alegres, y a la siguiente iracundas. Visten y se exhiben para excitar al hombre y luego exigen distancia... No las entiendo... ¿Sienten el mismo deseo sexual que nosotros? Si es así, ¿por qué se hacen tanto del rogar? Y, sobretodo, ¿cuál es la razón por la que después de entregarse parecen tan desilusionadas?

Alzó las cejas asombrado por mi cuestionamiento múltiple.

—Esa respuesta te costará por lo menos una copa.

9

Llamé al mesero con la mano, dejando que José Luis ordenara en cuanto llegó.

—¿Y bien?

—Si deseas entender a las chicas debes saber que ellas suelen manejar la sexualidad de modo diferente a los varones. Se excitan más lentamente y en el proceso brindan mayor peso a los aspectos psicológicos, como el buen trato, las palabras amables, la sinceridad, la caballerosidad, el liderazgo... Es muy difícil que una mujer joven llegue al orgasmo a menos que se sienta realmente comprendida, valorada; fuera de peligro, protegida y no forzada por su compañero. Las condiciones mentales son difíciles de lograr, por eso muchas chicas experimentan excitación, pero sin llegar a la resolución, sintiéndose después usadas y denigradas.

—Entonces, ¿por qué cada vez las mujeres son más provocativas y liberales? —pregunté—. Hoy en día la mayoría mantiene relaciones sexuales fuera del matrimonio.

En ese momento se acercaron a la mesa Ricardo y Alfredo, dos buenos amigos. Nos saludaron de mano y tomaron asiento. José Luis respondió con furor a mi pregunta sin inhibirse en lo absoluto, o quizá motivado aún más, por la presencia de los arrimadizos.

—Te lo voy a volver a explicar, de otro modo. En una relación íntima, interviene tanto el cuerpo como la mente. El hombre tiene un orgasmo de origen físico; puede sentir el mismo placer haciendo el amor con una jovencita, con una mujer madura, con una amiga, con una desconocida o tocándose mientras hojea sus revistas; la única diferencia entre uno y otro evento estribará en que algunos le producirán mayor excitación, pero al momento de llegar al clímax se convulsionará de placer en todos los casos. En cambio, la mujer es más idealista y sentimental. Su orgasmo tiene un origen fundamentalmente psicológico. A ellas les gusta sentirse admiradas, amadas, deseadas; les agrada que perdamos los estribos por su causa, las conquistemos y les demostremos cuánto estamos dispuestos a hacer por tenerlas. Esa es su retribución. Como ves, también satisfacen un deseo. El placer femenino está conectado directamente a su psique...

—Y el masculino a su...

Reímos por la seña obscena de Ricardo.

Busqué con la vista a Joana. Aún no salía del tocador. Estaba dispuesto a abordarla. Era una decisión motivada por esa energía "física" que, para ser bien aceptada por ella, tendría que disfrazarse de fuerza "psicológica". Parecía complicado, pero dejaba de serlo en cuanto te acostumbrabas a ello. Lo haría a como diera lugar. Imaginarme su piel desnuda me alteraba de forma ingente. Ella tenía el tipo especial de cuerpo que yo no había tocado jamás (muslos largos, senos grandes y firmes, caderas prominentes, piel blanca), además de poseer otros elementos eróticos muy discretos: tono de voz intimista, timbre sensual, mirada displicente, seriedad altiva...

El mesero de la asociación estudiantil nos hizo llegar la charola de botanas y una garrafa mediana de licor.

—Y tú, ¿lograste acostarte con Jessica? —Me preguntó Alfredo mientras descorchaba la botella—. Todo mundo se pregunta si habrás vencido a la puritana.

—Sí... —confesé titubeante—, fue una experiencia muy triste. Puso demasiadas condiciones. Me da un poco de pena... creo que en verdad me amaba. ¿Saben lo que me dijo después de entregarse? Que a todas las muchachas se les presiona intensamente para que tengan sexo; que si tratan de ser decentes, sus compañeras se burlan y los muchachos las ignoran; que, por eso, la mayoría, al sentir el rechazo, acceden a la vida sensual tan apreciada en el medio juvenil. Sentí lástima por ella y decidí dejarla. Las mujeres no se dan cuenta de que a esta edad los hombres no buscamos relaciones fijas; buscamos placer, diversión, aprendizaje; cuando sentemos cabeza pensando en una relación formal, desecharemos de inmediato a todas aquellas con las que nos divertimos, para buscar a esa muchacha seria, ignorada en el ayer, que supo darse a respetar.

—¡Cierto! —aprobó José Luis—. Una cosa es tener novia para divertirte y otra muy diferente es elegir a la madre de tus hijos... En ese caso siempre querrás a una joven diferente, difícil de conseguir, no como la piedra pateada por decenas de hombres, sino como el diamante intacto que sólo a ti te fue posible alcanzar.

—¡Eso es definitivo! —Contribuyó Alfredo con entusiasmo—, pero no se lo digas nunca a una mujer o a un moralista porque te tildarán de "macho". Obviamente si se desea aprender a manejar un auto, son preferibles los usados... pero cuando se trata de escoger el automóvil definitivo, para toda la vida, hasta el más idiota preferiría uno nuevo.

—Aunque hay algunos usados muy bonitos...

Volvimos a reír. Lo que comenzó como una pregunta de consulta, se había convertido en una polémica en la que todos parecíamos expertos.

—El sexo es algo muy emocionante —dijo José Luis mientras se servía más licor—. Lo malo es que no es gratis, siempre hay que pagar por él: a veces con dinero y a veces con halagos o palabras cariñosas.

—Pagar por él... —repitió Alfredo reflexionando—. Qué gran verdad. ¡Ahora lo entiendo! Las sexoservidoras son groseras, desconsideradas y cobran en efectivo; en cambio, una compañera de la escuela se arregla con su mejor ropa, se lava, maquilla, perfuma y se va a la cama contigo si a cambio le prometes entrega eterna y amor total. Ese es el pago que debes hacer. Hay que ser muy hábil para manejar bien el asunto sin ser descubiertos, pero dominando la técnica se obtiene lo mejor al precio más barato ¿no es así?

Así era.

Los crujidos estruendosos del aparato de sonido nos impidieron seguir hablando. Mi vista se perdió en ese mundo de ideas. Resultaba interesante analizar las motivaciones sexuales en la etapa juvenil, contemplar el hilo negro y apreciarlo en toda su longitud. ¿Cómo era posible que las chicas vivieran ignorando algo tan obvio?

Comenzó una melodía conocida. Varias parejas caminaron hacia la pista tomadas de la mano.

Joana salió del baño, arreglada y seria. Se pasó entre las mesas con galanura. De inmediato me puse de pie.

—Ustedes perdonarán —dije bebiéndome de un sorbo el contenido de mi copa—, pero tengo asuntos urgentes que atender...

Mis amigos y José Luis hicieron una bulla.

Caminé directo a la muchacha interponiéndome en su camino.

Fingí no verla hasta que estuvimos muy cerca.

—¡Hola, qué sorpresa! —le dije—. Te ves muy hermosa esta noche.

Hice una ligera reverencia.

—¿Me concederías esta pieza?

Joana me miró y asintió.

—Claro.

—¿Vienes sola? —pregunté mientras nos dirigíamos a la pista.

—Sí.

—¿Y Joaquín? ¿Por qué no te acompañó?

Sonrió tristemente:

—Terminamos hace una semana.

El corazón me dio un vuelco. Quise decir "lo siento", pero a cambio de ello, el rostro se me iluminó con una alegría nerviosa. Era demasiado bueno para ser verdad. Esa chica siempre se paseó por sitios públicos ostentando un novio mal encarado, ¡y ahora se hallaba sin compromisos, bailando conmigo!

Por unos minutos no pude decir nada. Mis estrategias de conquista se habían vuelto más suspicaces por la reciente plática. Analicé la situación mientras me movía al ritmo de la música: Joana había tenido un noviazgo largo. En la escuela, todos la vimos más de una vez besándose con pasión, exhibiendo su enamoramiento y mermando con ello su prestigio. Si a eso se atrevió a la vista de los demás, era fácil suponer cuánto hizo con su ardoroso galán en la intimidad. Pobre chica. Si Joaquín la hubiera querido de verdad no la habría exhibido, y si ella hubiera sido más inteligente no lo habría permitido. Entre estudiantes, las mujeres que se muestran en exceso cariñosas con sus novios, quedan como marcadas. Resultaba evidente que había experimentado en buena medida con el sexo y no cargaría con los complejos de mi exnovia Jessica. Además, seguramente se hallaba en una etapa de depresión, ansiosa por sentirse querida, admirada, deseada... Eran circunstancias inmejorables. Me sentí tenso pero lleno de euforia, como un atleta a punto de arrancar en la carrera para la que se ha preparado durante muchos meses.

—¿Te invito una copa? —pregunté interrumpiendo el baile.

—¿Por qué no?

Nos dirigimos a la barra, pasando por en medio de la pista. Al caminar puse mi mano derecha sobre su espalda.

—Ahora que estás libre debes tener muchos pretendientes.

Se encogió de hombros.

—No sé. Ni me importa.

Llegamos frente al cantinero y ordenamos sendas bebidas.

—¿Sabes? —Le dije—, a mí tampoco me ha ido bien en cuestión de amor. Estoy muy decepcionado. ¿No te ha pasado que cuando más te interesa una persona y le das lo mejor de ti es cuando más te desprecia..? No hay nada más doloroso que entregarte a alguien que no te valora.

Levantó la vista y me escrutó con sus dulces ojos melancólicos.

—¿Ya no sales con Jessica?

Moví la cabeza para decirle que no y sonreí atribulado.

—Me da gusto poder platicar contigo, Joana... porque me siento más solo que nunca.

Las luces menguaron y se escucharon los compases de una melodía lenta. La mayoría de los bailarines impetuosos se retiraron y sólo algunas parejas abrazadas permanecieron en la pista balanceándose con la cadencia de la música romántica. El corazón quiso salírseme de su sitio ante esa oportunidad. Sin embargo, para mi sorpresa, Joana se me adelantó.

—¿Quieres bailar?

—Claro.

Me tomó de la mano y caminamos juntos.

Nos colocamos en la oscuridad. La abracé por la cintura y ella acomodó sus manos alrededor de mi cuello. Con la excusa de hacer algunos comentarios, me acerqué a su rostro hasta que la distancia que nos separaba se redujo al mínimo. Nuestros pies se movían con lentitud y el halo magnético del uno se había fusionado con el del otro, produciendo una reacción excitante. No se necesitaba hablar mucho; nuestros cuerpos exhalaban una química poderosa que nos hacía sentir entre nubes.

—¿Sabes, Joana? —susurré en su oído—, yo siempre te he querido... en secreto.

No contestó, pero después de ese comentario nos abrazamos. Calibré la delgadez de su cintura con mis manos; sentir el contacto directo de nuestras partes íntimas me dejó sin aliento. La música terminó y nos quedamos enlazados unos segundos mirándonos a la cara. En su rostro había un matiz carmín que la agraciaba aún más, y en el mío la mirada de un hombre que ha perdido los estribos por la emoción de esa rápida aventura y el enorme deseo de llevarla hasta el final.

—¿Qué te parece si vamos a un sitio confortable donde podamos platicar? —le propuse en voz baja—. Me gustaría mucho conocerte mejor.

No me contestó que sí, pero apenas salimos de la pista nos despedimos de nuestros compañeros con excusas insulsas.

Cuando subimos al auto tomé su mano izquierda, la acaricié con ternura y me la llevé a la boca muy despacio para darle un beso.

—¿Adónde vamos? —le pregunté poniendo en marcha el motor.

Ella se encogió de hombros sin apartar su penetrante vista de mi rostro:

—Adonde tú quieras...

2

Sexo-adicción

Salí de la avenida conduciendo muy despacio. Aunque en mi mente se repetía la provocativa frase de Joana "adonde tú quieras", no podía tomar la iniciativa de llevarla a un hotel sin ratificarlo. Dentro de los preceptos ineludibles de la seducción, estaba el de nunca mostrarse demasiado ansioso, dispuesto a conversar indefinidamente como un bien intencionado amigo.

Vislumbré la entrada a un centro comercial. Disminuí la velocidad y viré con cuidado para subir por la rampa del estacionamiento. Detuve el automóvil y apagué el motor. Nos invadió un tenso pero fraternal silencio.

—¿Qué vas a comprar?

—Nada... —titubeé como un adolescente desmañado; y ella sonrió para darme confianza.

—Joana... —recomencé—: lo que te dije mientras bailábamos... es verdad. Desde hace meses sueño con estar contigo. Nunca tuve el valor de confesártelo, pero he sido tu admirador anónimo durante meses...

Se me apagó la voz. No quería cometer ningún error.

—Gracias por sacarme de esa fiesta —murmuró—. Necesitaba platicar con alguien que me apreciara...

Mis manos jugueteaban pasando las llaves de un lado a otro. Ésta era la parte más difícil de la conquista. También la más emocionante. Debía besarla, pero ¿cómo franquear ese metro de asiento que nos separaba?

—Vamos a comprar una botella —le dije—. Me gustaría brindar por nuestra amistad.

Asintió.

Salí del auto con rapidez. Sólo necesitaba estar cerca de ella... Le di la vuelta al coche y abrí su portezuela; me tendió la mano, se puso de pie y quedó frente a mí. No retrocedí ni un centímetro.

—¿Vamos? —sugirió.

—No tienes idea de cómo me gustas, Joana.

Estábamos en la posición perfecta, pero no quiso levantar la cara.

—Vamos —repitió.

"¡Maldición, vamos!", pensé. Cerré el coche y caminé a su lado. La abracé por la espalda sin conseguir que cooperara. Entramos a la tienda. Tomé vasos desechables, botanas, refrescos de cola y una botella mediana de brandi. Al entregarle el dinero a la cajera vi los preservativos al lado de mi amiga. Hubiera sido imposible tomar uno sin que se diera cuenta. Chasqueé la boca. Hacer el amor sin protección era apostar el todo por muy poco, y ya me estaba cansando de esos paroxismos. Moví la cabeza y me consolé: "Los juegos más arriesgados son los más emocionantes".

De regreso hacia el coche la abracé de nuevo y sentí cómo esta vez aceptaba la caricia refugiándose en mi cuerpo.

Antes de introducir la llave en la chapa volví a intentarlo.

—Me gustaría tener aquí mi carpeta de apuntes para mostrarte unos dibujos que he hecho... de tu perfil. ¿Nunca notaste que en algunas clases me sentaba cerca de ti para contemplarte? —Bajé la vista—. No atendía al profesor, sólo te dibujaba...

Cuando volví a levantar los ojos, ella me miraba con la boca entreabierta en un gesto de ternura. Me acerqué despacio y rocé con mis labios los suyos. Dejé caer las bolsas del mercado a nuestros pies; la botella hizo un ruido seco al chocar con el piso. No me inmuté. Apreté mi boca contra la de ella para hallar la humedad de su lengua. Fue un beso impetuoso, cargado de verdadera pasión. La abracé fuerte y acaricié su cabello y espalda. Sentí el deseo crecer como un ente incontrolable; cerré los ojos para entregarme por completo al movimiento sensual.

Cuando nos separamos, Joana, encendida de un leve rubor, respiraba con rapidez. Abrí la puerta para que entrara al coche, tomé la bolsa del suelo y rodeé el vehículo lo más lento que pude, tratando de recuperar el aplomo. Apenas estuvimos juntos, nos volvimos a entregar en un vigoroso y ardiente beso. Después de unos minutos comencé a recorrer mi boca por la comisura de sus labios, sus mejillas, su cuello, sus oídos. Al besar y mordisquear su oreja izquierda le susurraba que estaba loco por ella, que me fascinaba, que la idolatraba, que daría cualquier cosa por una noche a su lado... Joana, mientras tanto, me acariciaba los muslos. Subía su mano casi hasta mi entrepierna y volvía a bajarla en una cadencia acompasada.

Me costó trabajo desprenderme de esa miel enajenante, pero haciendo un gran esfuerzo, puse en marcha el automóvil con intenciones de ir directo a un lugar adecuado. Conocía varios por ahí. El más cercano estaba a sólo diez minutos de distancia.

Hice el recorrido en menos de cinco.

Cada habitación tenía su garaje propio con puerta corrediza, de modo que el coche quedaba escondido y la chica no era vista por nadie en su trayecto hacia la habitación.

Estacioné el vehículo hasta el fondo. Salí a pagar al encargado y cerré la mampara exterior con la soltura de alguien que se mueve en sus terrenos. Sin embargo, al volver al coche, Joana me esperaba fuera de él con un gesto de franca perturbación.

—¿Adónde me has traído?

—No te ofendas, amor. Éste es un lugar excelente para escuchar música, brindar y conversar lejos de la gente. Por favor, tranquilízate y confía en mí... Te prometo que sólo haremos lo que tú quieras.

Y al decir esto último le acaricié la barbilla con el índice y el pulgar...

—Estoy tan confundida y triste...

—Vamos, no pienses en nada. Sólo vive el presente y relájate.

La abracé de nuevo. Recargué mi cuerpo contra el suyo para hacerle percibir mi masculinidad; esta vez paseé mi lengua por su cuello y la introduje suavemente en su oído. Se estremeció.

Miré el nacimiento de sus pechos sobre su generoso escote y quise agacharme a besarlo, pero no me atreví. La deseaba demasiado para darme el lujo de mostrarme impaciente.

Joana volvió a buscar mi boca. Respiraba de forma agitada y parecía haberse decidido a olvidar precauciones y temores. Al besarme comenzó a desprender uno a uno los botones de mi camisa. Cuando llegó al pantalón jaló hacia arriba la tela para que ésta quedara totalmente suelta. Luego me frotó el tórax y deslizó la prenda hacia atrás, dejándome semidesnudo. Yo no podía dar crédito a lo que había hecho. El corazón me latía a mil por hora; la cabeza me daba vueltas y mis pies flotaban. Le enmarañé el cabello y busqué la cremallera del vestido en su dorso: En cuanto la tuve entre mis dedos inicié un movimiento lento para bajarla sin lograr evitar el temblor de mis dedos y la sudoración de mis palmas. Cuando el cierre no pudo descender más, sobé su espalda con ardiente furor y atraje el vestido hacia adelante mientras le acariciaba sus hombros desnudos. Entonces se descubrieron totalmente sus formas femeninas resguardadas aún por la suave tela del sostén. Me separé un poco y rocé apenas con las yemas de los dedos las marcadas puntas. Luego seguí la línea del sujetador hasta dar con el seguro; lo destrabé sin ningún problema y ella, mirándome fijamente, hizo un ágil movimiento con los brazos para liberarse del incómodo ceñidor. A tal grado me asombró la belleza de esos senos blancos, turgentes, cálidos, que en vez de tocarlos me limité a contemplarlos. Luego atraje a la chica hacia mí y sentí una extraordinaria calidez al momento en que sus pechos desnudos se aplastaban en mi cuerpo. Llevé lentamente las manos hacia su cintura y comencé a buscar la forma de bajar por completo el vestido de algodón.

—¿Vamos al cuarto? —sugirió.

—Por supuesto.

Sólo, en mi habitación, después de haber dejado a Joana en su casa, cerca de la una de la mañana, me hallé cara a cara con el monstruo de los excesos y sentí un viso de temor... Caí en la cuenta de que el sexo se estaba convirtiendo para mí en un vicio, en algo básico, prioritario, central... en una necesidad creciente. ¡Y mientras más la saciaba, más se incrementaba! ¿No les ocurría lo mismo a los drogadictos o a los alcohólicos? Pero, ¿cómo controlar ese descomunal deseo? ¿Era yo el único que lo sentía? Entre compañeros apreciábamos a la mujer según sus atributos eróticos. Nos atraían principalmente las cualidades sexuales y solíamos mentir, dañar o negociar con tal de experimentar el embriagador placer de poseerlas. ¿Acaso los varones debíamos tener con el sexo precauciones similares a las que se tienen con los productos que causan dependencia?

Comencé a pasearme por mi habitación. Mi madre dormía en la alcoba contigua y yo no debía hacer ruido. Me senté pensativo en el sillón de descanso. La aventura de hacía unos minutos había sido hermosa, pero algo no estaba bien. Había comenzado a sentir un terrible escozor en el área genital. Fui en busca de un espejo para revisarme de cerca. Hallé una reducida zona ulcerada con infinidad de pequeñas llagas. Me sentía, a la vez, afiebrado y débil.

¡Maldición! ¿Joana me habría contagiado un hongo o algo por el estilo? Y si lo hizo, ¿se manifestaría de manera tan inmediata? ¿Entonces Luisa? O Adriana...

A mis veintitrés años había compartido el lecho con... ¿Cuántas mujeres? No logré definir el número. Cualquiera pudo haberme contaminado. Pero, ¿de qué?

Insomne, traté de concentrarme en el recuerdo de cuanto había vivido esa noche, buscando algún indicio de enfermedad en el cuerpo de Joana. Me eché en la cama y cerré los ojos para revivir cuidadosa, casi morbosamente, los detalles de esa experiencia inusual.

Después del magreo en el que ella quitó mi ropa superior y yo quité la de ella, subimos la escalera sin decir palabra.

La habitación estaba alfombrada de color durazno. Nos descalzamos para estar más cómodos.

Joana se soltó de mi brazo y anduvo de un lado a otro como una niña admirando los lujos del lugar. Apenas dio los primeros pasos se deshizo por completo del vestido, dejándolo en el suelo.

—Qué calor hace, ¿verdad? —Acto seguido, se agachó un poco para quitarse las mallas transparentes.

Recargado en la pared, con la boca seca y los ojos muy abiertos, contemplé su casi total desnudez. Sólo portaba unas pequeñas bragas rojas y se paseaba por el cuarto tocando la cama, encendiendo el televisor, revisando el contenido del refrigerador.

Entonces me sentí orgulloso de poder llevar a mis chicas a ese tipo de sitios. Yo era un joven mimado por la vida. Todo se me dio siempre fácil. Incluso las mujeres llegaban a mí sin que hiciera demasiados esfuerzos por encontrarlas. Fui el hijo único de una mujer viuda. Cuando mi madre perdió a su esposo y a su hija mayor, tuvo que hacer mil maniobras para mantenerme. Trabajó de mesera en un pequeño poblado de la frontera, practicando en la computadora por las noches, hasta que logró colocarse como asistente ejecutiva. Entretanto, me dejó crecer en total libertad. Cuidaba, eso sí, que no me faltara buena comida, ropa fina y colegios particulares. Pero ella nunca estaba en casa, lo que me permitió practicar el deporte del "sexo libre" desde muy chico.

Joana entró al baño y exclamó con tono de inocencia y espontaneidad:

—¡Hay tina de hidromasaje! Hace tiempo que no me meto a una... —Se me acercó con la mirada encendida—: El doctor me la recomendó...

—¿Quieres bañarte? —le pregunté.

—Quiero que me bañes tú...

Se despojó de su última prenda. Comenzó a tararear una canción infantil sentándose al borde de la bañera y abriendo las llaves de agua. Se sabía admirada por mí y fingió no verme mientras calculaba la temperatura y agregaba burbujas artificiales.

¡Ah!, qué satisfacción me causaba poder darme y darles a mis compañeras esos privilegios. Ahora tenía auto, llevaba en la cartera dinero y tarjeta de crédito. Mamá decidió, después de verme vagar durante varios años por las calles probando diferentes trabajos y escuelas, mudarse conmigo a la gran urbe para obligarme a inscribirme en una buena universidad, sin saber que con ello su fortuna económica daría un extraordinario giro. Trabajando como secretaria en aquel poblado fronterizo aprendió con soltura el idioma extranjero y llegando a la capital comenzó a ganar fuertes sumas como traductora de libros técnicos. Lo primero que hizo ante el cambio de suerte fue comprarme un automóvil compacto deportivo. Así sufrí, tanto severas torceduras por tratar de acoplarme con mis primeras parejas capitalinas al reducido espacio del asiento trasero, como la extorsión de patrulleros corruptos que aparecían de la nada empuñando sus linternas para husmear a través de los cristales. No me quedó otra opción que aprender a usar el coche para transportarme y pagar hoteles caros para lo demás... Después de todo, mi madre sufragaba de buen modo el costo de mis "estudios profesionales". Sacudí la cabeza tratando de borrarme esas ideas y arranqué en tres segundos de mi cuerpo el resto de la ropa que lo cubría.

Me introduje al agua junto a Joana. Recorrí sus formas con una esponja mientras ella recorría las mías con el jabón. El juego duró varios minutos y me llevó a un éxtasis enloquecedor. De pronto mi compañera de tina se puso de pie argumentándose muy acalorada; enredó una toalla en su cabeza y caminó hacia la cama; salí tras ella envolviéndome, a mi vez, con otra; la vi juguetear en el colchón como un niño que mide la elasticidad de un trampolín. Al fin dejó de moverse y se acostó boca arriba.

—Me ha entrado un sueño enorme —dijo.

Cerró los ojos sin cubrir su voluptuosa desnudez. Me acerqué, parándome a un costado tragué saliva y retiré con las yemas de mis dedos algunas de las perlas de agua que la cubrían. La luz estaba encendida y a ella parecía gustarle que la admirara. Se dejó acariciar, examinar, besar... Y yo lo hice extasiado, con la efervescencia y fanatismo de un brujo que toca la estatuilla de su dios.

El prurito me estaba matando. Hice una pausa en mis cavilaciones. Ahí. En ese punto preciso, debía centrarme para tratar de recordar alguna anomalía. Si Joana tenía la manifestación cutánea de alguna infección venérea, yo lo habría descubierto en aquellos momentos de contemplación. Aunque, claro, de haber percibido algo extraño cuando mis facultades mentales se hallaban subordinadas al deseo enloquecedor, seguramente lo hubiese ignorado... No lograba acordarme de nada raro. Por el contrario, todo cuanto venía a mi mente era motivo de nueva excitación.

Esa noche medité que, en definitiva, el sexo puede convertirse en un vicio incontrolable, pues el hombre, atrapado en tal proceso creciente de adicción, se recrea con imágenes mentales llegando a creer que la mujer existe *sólo* para satisfacerlo. Y esto no me ocurría sólo a mí, sino a muchos. A casi todos mis conocidos. ¡No a los maniáticos o degenerados, sino a estudiantes de universidades, profesores, comerciantes, médicos, licenciados, poetas, artistas y a miles de varones más, "normales y decentes"!

Resultaba curioso comprender que los hombres éramos proclives a la sexo-adicción y alarmante aquilatar que yo era ya un esclavo de ella. Abrí los ojos tratando de razonar mejor. Había otro detalle negativo que me causaba una preocupación ingente: no satisfice a mi compañera; no logré esperar lo suficiente. Volví a eyacular demasiado rápido y de inmediato, exhausto, me eché a su lado a descansar. Joana se quedó muda, con los ojos cristalizados de decepción, y permaneció quieta al ver que yo declaraba terminado el episodio.

—¿Todos los hombres son igual de egoístas? —inquirió.

Entonces hice un esfuerzo y me incorporé a medias para acariciarla. No se me ocurrió preguntarle si mis torpes manoseos le gustaban. Después de un rato me increpó con una chispa de rencor:

—¿Tú te masturbas demasiado?

—¿Por qué me preguntas eso?

—Sólo pensaba...

—¿Adónde quieres llegar?

—¿Crees que la masturbación sea buena?

—Claro que sí. Es sencilla, rápida, gratis, exenta de largos cortejos hipócritas y de peligros como el embarazo o los matrimonios forzados.

—De largos cortejos *hipócritas* —repitió enfatizando la última palabra—. Eso es cierto, pero ¿sabías que si los hombres la practican de modo abusivo, en forma rápida y constante, les produce el reflejo de la eyaculación prematura?

Me quedé estático. ¿Era reproche o información?

Sacudí la cabeza tratando de alejar esa nueva idea de tormento, pero no pude. Solo, en mi recámara, recordando a mi frustrada compañera comprendí que el verdadero frustrado y fracasado era yo. Con tan intensa actividad, estaba perdiendo el control de mis instintos y quizá, en vez de adquirir destreza para satisfacer algún día a mi pareja definitiva, estaba acumulando disfunciones.

Después de un rato Joana comentó:

—Es inútil... Creo que no voy a tenerlo.

En ese momento recordé la plática con José Luis: *Para que una mujer llegue al orgasmo necesita cumplir con muchos requisitos mentales difíciles de lograr por una adolescente aventurera.*

—¿Alguna vez lo has tenido?

—Tal vez sí... aunque no estoy segura. Lo único que sé, es que cada vez que hago esto me siento más miserable.

Me invadió una gran tristeza por ella y una importante identificación. También me sentía solo y miserable. La diferencia estribaba en que, al menos, yo sí había tenido un momento de placer.

—Eres muy hermosa —susurré—. Si me permites una confidencia, te diré que no he conocido jamás una muchacha más bella y sensual. Sé que estuve nefasto, pero tenía las mejores intenciones. Me crees, ¿verdad, Joana?

Mi comentario suavizó un poco sus facciones molestas. Otra vez recordé la plática con José Luis: *La mujer accede a las seducciones del hombre no por el deleite físico que esto le reporta sino por vanidad. A ella le gusta sentirse admirada, amada, deseada.*

—Vamos a vestirnos —sugirió como si lo que había pasado no tuviese importancia.

3

Infección venérea

"Tal vez no tenga importancia", me dije tratando de hacer un último intento de dormir, pero no pude. Me despabilaban dos asuntos que sí la tenían: mi fracaso como amante y mi comezón.

Las primeras luces del alba comenzaron a filtrarse por las persianas de mi habitación. Había pasado la noche en vela. A los pocos minutos escuché el teclado de la computadora de mi madre. Ella trabajaba ilusoriamente por mantener mis estudios y yo falseaba las cantidades requeridas para sufragar mi vicio... Me maldije por dentro. Era sexo, pero igualmente podía tratarse de alcohol o cocaína...

Sintiéndome desdichado, me tapé con las cobijas. Las imágenes mentales volvían a hacerme presa fácil. Salté de mi cama, fui al baño y me mojé la cara. ¡No era posible que mi adicción llegara al grado de seguir recreándome en los recuerdos de esa joven desnuda, justo cuando, además de haber comprobado un serio problema de codependencia, había pescado una enfermedad venérea!

Me sequé la cara con la toalla de mano.

¿Y si era sida? Tragué saliva angustiado mirándome al espejo.

Pocos meses atrás había conocido ese mal en forma directa. Un primo mío se consumió ante los ojos de toda la familia sin que nadie pudiese hacer nada por ayudarlo: bajó de peso y adquirió una infección pulmonar que lo fulminó. Antes de su muerte, fuimos a verlo al hospital. Mi primo parecía no sólo física, sino psicológicamente acabado. Cargaba en la conciencia el drama de tener sólo treinta y dos años y haber adquirido la enfermedad *antes de casarse*. Los primeros síntomas aparecieron después de nacer su primer hijo (ya infectado) y cuando su esposa (infectada también) se hallaba embarazada del segundo. Fue una verdadera tragedia. Y mi primo no era homosexual o drogadicto, era un joven como cualquier otro que solía seducir a sus amigas y visitar ocasionalmente a las sexoservidoras.

Me froté el cabello angustiado. Historias como esa eran casos extremos y no se necesitaba ser un genio para entender que ninguno que guste de variar su pareja sexual está exento de protagonizar una parecida.

Era sábado, y aunque aún no daban las siete de la mañana, me apresuré a marcar el teléfono de José Luis. Una voz gutural me contestó.

—¿Bueno?

—Soy Efrén Alvear. Disculpa que te llame a esta hora, pero necesito consultarte algo...

Hubo un silencio incómodo en la línea.

—¿De qué se trata..? —El tono de mi interlocutor se oía formal. Ahora no éramos dos compañeros de juerga animados por el alcohol, sino un pupilo imprudente y un profesor fastidiado.

—Ayer me salí de la fiesta con Joana.

—Sí... lo recuerdo, ¿y..?

—Temo que pesqué una enfermedad venérea...

—¿Cómo lo sabes?

—Tengo comezón intensa, fiebre, sudoración...

—¿Nódulos linfáticos inflamados?

—El de la ingle izquierda.

—Pues tienes que ver a un médico de inmediato.

—¿Tú crees que sea grave?

—Puede ser tan sencillo que mañana rías de ello o tan serio que te haga llorar por el resto de tu vida... Una cosa sí es segura: Si te acostaste con Joana, ella no te contagió a ti, pero tal vez tú a ella sí.

—Dime lo que sabes de esto. No quisiera consultar a un desconocido.

—Soy biólogo. Lo que yo puedo decirte lo hallarías en un libro de texto. Por Dios, no me salgas ahora con que no puedes informarte como lo haría cualquiera que supiese leer...

—Puedo hacer eso, pero no creo que me ayude mucho.

—¡Pues consulta a un maldito médico! Es antisocial, estúpido y peligroso no buscar ayuda cuando sospechas tener una enfermedad venérea. ¿Estás enterado de que tu responsabilidad no termina con curarte sino que, además, debes avisar a todas las personas con las que te has acostado en el último año, para que éstas, a su vez, avisen a quienes han compartido la cama con ellas? ¡Hay individuos que prefieren no atenderse con tal de que nadie sepa su problema! La sífilis, por ejemplo, se manifiesta con un grano sumamente contagioso que no produce dolor. Muchos firman su sentencia de muerte tolerando el chancro y permitiendo que la enfermedad avance a etapas superiores. Lo peor es que algunas mujeres no se dan cuenta que lo tienen porque les brota en el interior del cuello uterino. Lo siento, Efrén, pero si me llamaste para un consejo: atiéndete. Punto. Las enfermedades de transmisión sexual suelen venir acompañadas de una fuerte carga de vergüenza y culpa. Por eso la mayoría lo piensa mucho para ir al médico y pierde un tiempo valioso. En algunos casos, los primeros síntomas desaparecen, la persona se cree curada y guarda su secreto propiciando epidemias...

—¡Caray! —me lamenté—. Esto no me estaría pasando si llevara siempre una caja de preservativos.

—Es cierto, Efrén. Los condones son imprescindibles, pero no infalibles. ¿Qué pasa si se rompen, si se salen, si antes o después del coito existe roce o intercambio de fluidos? Tú sabes que todo eso ocurre. Además el virus VIH está en las secreciones de las personas que padecen sida y, entre besos, masajes y caricias, podría entrar a tu cuerpo a través de alguna herida abierta. Apréndete esto muy bien: si te llevas a una chica a la cama puedes embarazarla (porque no hay ningún método anticonceptivo cien por ciento seguro) o puedes adquirir una enfermedad venérea. Si tuviste el valor de arriesgarte, ten el valor de enfrentar las consecuencias. De seguro no es nada grave, pero te repito que así como podría ser una infección, podría ser un embarazo indeseado. Son los riesgos de la ruleta rusa a la que nos gusta jugar...

Resultaba tonto tratar de rebatir al profesor.

—Gracias, José Luis.

—De nada. Y atiéndete hoy mismo si es posible.

Colgué el aparato y permanecí como una estatua varios minutos. Después caminé al estudio de mi madre. Ella trabajaba concentrada en su computadora. Me saludó, pero continuó con su labor sin hacer más comentarios. Busqué un par de libros actualizados sobre enfermedades de transmisión sexual y salí de ahí. Me encerré en mi recámara para leer con avidez la introducción de uno de los tomos[1]:

> Las enfermedades de transmisión sexual se encuentran entre las que presentan el mayor índice de contagio en todo el mundo. En comparación con las enfermedades clásicas (sida, sífilis, gonorrea, chancro blando, linfogranuloma venéreo y granuloma inguinal), otras presentan hoy en día una incidencia superior: las uretritis inespecíficas, la tricomoniasis, las infecciones por clamidias, la candidiasis genital, las verrugas genitales, el herpes genital y anorectal, la vulvovaginitis, la proctitis, la sarna, la pediculosis del pubis y el molusco contagioso.

> En el caso de la gonorrea, se estima que cada año contraen la infección más de 250 millones de personas en el mundo. Respecto a la sífilis, se estima que su incidencia anual es de 50 millones de afectados. Otras infecciones se transmiten también, a veces por contagio sexual, como la salmonelosis, la giardiasis, la amebiasis, la shigelosis, la campilobacteriosis, la hepatitis A y B y la infección por citomegalovirus.

> Se han demostrado asociaciones definidas entre el cáncer del cuello del útero y las infecciones de herpes y papilomavirus.

---

[1] *El manual Merck de diagnóstico y terapéutica*. Mosloy Doyma

Interrumpí la lectura y tomé el otro libro. Me desilusioné al ver que la explicación de cada padecimiento se presentaba en forma excesivamente amplia. Quise buscar en Internet, pero mi laptop estaba descompuesta y mamá no se apartaba de la única computadora que teníamos. Volví al libro. Era más mi urgencia psicológica que mi interés intelectual, así que busqué sólo el resumen de cada capítulo tratando de identificar mis síntomas. El primero decía:

GONORREA: Infección aguda del conducto genitourinario (y garganta en caso de que haya habido sexo oral). El gonococo puede transportarse de las manos a los ojos o nariz. Se manifiesta con escozor en la uretra, fluido cremoso, comezón o ardor al orinar. Algunos hombres y muchas mujeres no presentan síntomas. Puede infectarse toda el área de la pelvis y los conductos seminales produciendo esterilidad irreversible. La gonorrea o blenorragia viene acompañada con frecuencia de otras enfermedades como la uretritis, que en su fase crónica puede producir artritis aguda, síndrome Reiter (deformidades permanentes de las articulaciones) y embarazos ectópicos. Es curable con tratamiento exhaustivo de antibióticos.

Moví la cabeza. Podía tratarse de gonorrea. Sentía escozor, pero estaba exento de fluidos cremosos. Me pregunté si para diagnosticar se requería la presencia de todos los síntomas o sólo de algunos. No me detuve a investigarlo. Pasé las hojas con rapidez. Seguí leyendo:

SÍFILIS: *Primera etapa.* No se detecta con análisis de sangre. Aparece una llaga de borde duro en el pene o vulva. Algunas mujeres presentan un chancro muy infeccioso pero no visible. Se inflaman los nódulos linfáticos de la ingle. A los pocos días el brote desaparece y hay una curación aparente. *Segunda etapa.* El virus se encuentra en la sangre. Produce dolores de cabeza y articulaciones; brotan verrugas indoloras en la nariz, ano, vulva o boca. Con frecuencia puede verse un salpullido rosáceo en la piel. Todos estos síntomas desaparecen después. *Tercera etapa.* Entre dos y veinte años después, se desarrolla un cáncer de hueso o piel muy parecido a la lepra. El virus afecta la médula espinal y el cerebro, por lo que hay degradación mental.

El diagnóstico precoz de la enfermedad es importante. Se cura con penicilina en su primera y segunda fase.

¡Caray! Si era sífilis me sometería religiosamente al tratamiento. Preso de un evidente ataque de hipocondría, salté varios capítulos. Todos esos diablillos eran niñerías. Lo que me urgía hallar era otro, el monstruo mayor, el demonio mismo en persona. Las manos me temblaban. Había comenzado a sentir sudoración fría. Ahí estaba: *Síndrome de inmunodeficiencia adquirida.* La simple idea de haber sido contagiado con ese virus me quitaba el aire. Leí:

Enfermedad incurable y fatal que se transmite por contacto de algún líquido corporal infectado con otro (intercambio entre sangre, semen o flujo vaginal). El crecimiento de casos de sida es alarmante. Se calcula que por cada diez personas diagnosticadas hay cien contagiadas que lo ignoran. Las primeras manifestaciones son fiebre y sudoración nocturna, nódulos linfáticos inflamados al menos en tres lugares del cuerpo; pérdida de peso; diarrea crónica, disminución del número de glóbulos blancos. El mal evoluciona hasta su forma última a veces en varios años, propiciando graves infecciones generalizadas y un cáncer conocido con el nombre de Sarcoma de Kaposi.

Levantándome de un salto, regresé al estudio. Mi madre ya no estaba en su sitio. Tomé el directorio telefónico y me allegué de una hoja blanca para anotar el número de los médicos que vivían por la zona, pero entre toda la pulcritud del sitio no encontré a la mano una sola pluma. Abrí el cajón lateral del escritorio y hallé la bolsa personal de mi madre. Me detuve indeciso por un momento antes de comenzar a hurgar en su interior. Había artículos de maquillaje, lápices, papeles doblados, colores, y muchas tarjetas de presentación: empresarios, artistas, escritores, pintores, psicólogos. ¿De dónde conocía mi madre a tanta gente? Seguí pasándolas distraído. Tomé una gris que se distinguía entre las demás y no pude evitar arrugarla apenas leí lo que decía. Era difícil de creer, pero ahí estaba:

Dr. Asaf Marín
Disfunciones sexuales
Tratamientos individuales y de parejas

Extraje la pequeña cartulina de presentación y me la eché a la bolsa. Volví a mi cuarto. Era muy temprano para hacer cita con el médico, aunque podía aprovechar el tiempo hablando con Joana. Tenía que hacerlo y mientras más pronto mejor, pero primero precisaba asimilar el compromiso, digerir la idea, convencerme de que no tenía otra opción.

Tomé el libro de enfermedades y lo llevé conmigo hasta el teléfono. Me senté a hojearlo, indeciso de marcar. Leí:

HERPES: Enfermedad incurable producida por un virus (hsv-2) pariente del herpes simplex (hsv-1) que ocasiona las aftas, llagas, o ulceraciones que se forman en labios y lengua. El herpes genital produce síntomas similares, pero en grado superlativo. El virus se aloja posteriormente en el ganglio pudiendo resurgir en brotes recurrentes durante toda la vida. El tratamiento es sintomático.

Interrumpí la lectura para pasar las hojas con avidez, cayendo en un estado de desesperación y desorden.

CHANCRO BLANDO: Granos delicados que se revientan ocasionando llagas suaves y dolorosas. Las ingles se inflaman. El chancro va con frecuencia acompañado de sífilis.

Cerré el volumen y tomé el teléfono. Marqué el número de mi amiga sabiendo que quizá la encontraría dormida. No me equivoqué.

—¿Me puede comunicar con Joana?

—Aún no se levanta. Habla su papá. ¿Gusta dejarle algún recado?

Sólo llamaba —imaginé decir—, *para informarle que ayer, al hacerle el amor, le contagié una infección sexual.*

Sonreí con malicia.

—No señor. Sólo dígale que la llamó Efrén. Me urge hablar con ella.

—Espere un momento. Déjeme ver si lo puede atender.

A los pocos minutos la voz de mi amiga se escuchó por el auricular.

—¿Efrén?

—Si, soy yo. Necesito verte.

—¿Por qué no me hablas más tarde?

—Es que... —me detuve.

Parecía incorrecto darle la noticia por teléfono.

—¿Pasa algo malo?

—¿Tú crees que alguien pueda estar escuchándonos?

—No... —titubeó—. No creo. ¿De qué se trata?

—Tienes que ir a ver a un doctor. Acabo de detectar una enfermedad que yo ignoraba... ayer.

Hubo un largo silencio. Joana se había quedado sin aliento.

—¿Estás ahí? —pregunté.

Entonces escuché el ruido de la bocina cuando se deja caer violentamente y el tono entrecortado del teléfono.

Conseguí cita con el doctor Marín ese mismo día. Argumenté un gran apremio. Tuve que atravesar toda la ciudad y, aun así, llegué quince minutos temprano. Me recibió una recepcionista de aspecto distinguido y mirada suspicaz.

—¿Efrén Alvear? —preguntó en cuanto me vio entrar.

Asentí sin poder articular sonido. En la situación más vergonzosa de mi vida ¿por qué tenía que recibirme una atractiva joven más o menos de mi edad?

—¿Gustas sentarte? Enseguida te paso.

Lo hice con la cabeza hundida en el pecho.

Hasta ese momento reflexioné que, con toda seguridad, el médico conocería a mi madre, puesto que obtuve esa tarjeta de su bolsa de mano. Me di un golpe en la frente. ¿Por qué no se me ocurrió antes? ¡Habiendo tantos doctores en la ciudad tuve que venir a éste! Nada me molestaría más que causarle un disgusto a ella.

—Pase, por favor.

Me paré y entré al privado.

El médico me tendió la mano sonriente. Era un tipo alto, canoso y de aspecto imponente.

—¿Efrén Alvear? —preguntó con gravedad, como si mi nombre le causara cierta desazón. ¿Quién te recomendó esta clínica?

—Nadie.

Levantó la vista incrédulo.

—¿Estás seguro?

—Sí. Hallé su tarjeta por casualidad —la busqué torpemente en la bolsa de mi camisa y se la tendí. Observó el papel.

—¿Dónde la encontraste?

—En... —dudé—, entre las cosas de mi mamá.

Asintió.

—Yo conozco a tu madre. Pero descuida. Mantengo todos los casos de mis pacientes en riguroso secreto profesional.

—Eso espero.

—¿En qué puedo servirte?

—Creo que adquirí una enfermedad sexual.

—¿Cuáles son tus síntomas?

Los recité mientras él se lavaba las manos y se ponía unos guantes.

—Bájate los pantalones por favor.

Me quedé quieto, inseguro de haber escuchado bien. Pero era lógico. Al comprenderlo, obedecí de inmediato.

El médico se acercó para examinarme y después de unos minutos movió la cabeza.

Dio la vuelta para ir a su escritorio, pero no me gustó su expresión.

4

"Vive la vida mientras seas joven"

Salí del consultorio una hora después. Frente a una humeante taza de café, la chica de la entrada aguardaba que el médico terminara su última consulta. Pagué los honorarios fingiendo premura y quise huir del lugar, deseoso de que no se fijara mucho en mí.

—¿Para qué día anoto tu próxima cita? —preguntó cuando ya me escabullía.

Di la vuelta nervioso, con la cabeza agachada, pero al hacerlo derramé la taza de café sobre el escritorio.

"¡Estúpido, estúpido!", me dije una y otra vez conduciendo el automóvil de regreso a casa.

Extraje un compact disc de la cajuela de guantes y con violencia lo introduje al aparato de sonido.

Había una larga fila de vehículos delante del mío. Los coches avanzaron tres metros. Traté de calmarme. Aceleré dos segundos y volví a frenar cooperando con la lenta y desesperante procesión de la autopista. Miré el reloj sin poder reprimir un largo suspiro. A ese paso tardaría más de cincuenta minutos en llegar a casa. Pero estaba bien. Necesitaba tiempo para meditar. Comenzó a escucharse música electrónica. Traté de reconstruir en mi mente lo sucedido esa tarde. Todo era digno de análisis. Desde las extrañas recomendaciones del médico hasta el penoso accidente del café.

—¿Duele?

—Mucho —contesté.

El doctor, con guantes y algodón en mano, agachado trataba de identificar la naturaleza de mis llagas que, por cierto, se hacían cada vez más intolerables. Las pústulas habían reventado y supuraban un líquido blancuzco. Eché un vistazo con cierta repugnancia. ¿Por qué me había pasado eso? La piel enrojecida en toda la zona parecía a punto de reventar y, después de ser auscultadas por los dedos del médico, las gotas de pus corrían hacia abajo, dejando unos hilillos brillantes antes de perderse entre la vellosidad.

—¿Sabe qué tengo doctor?

—Sí... aunque existe la posibilidad de que el problema sea provocado por dos o más microorganismos distintos.

—¡Maldición! —espeté.

—¿Quién te contagió?

—No sé. Pudo haber sido una prostituta hace tres meses o alguna de las chicas con las que he tenido sexo los últimos días.

El doctor Marín movió la cabeza.

—Debes informar a tus amigas para que se revisen... y procurar tener una vida sexual más moderada.

Su comentario me incomodó.

—Mi vida sexual es normal —respondí—. Todos los jóvenes llevamos una similar.

—¿Por qué?

Me encogí de hombros sin ganas de discutir eso.

—¿Sólo por placer? —insistió el hombre.

—En parte —contesté—. Aunque creo que nuestra verdadera meta es aprender. Debemos adquirir suficiente experiencia mientras seamos solteros para poder satisfacer a nuestras parejas en el futuro.

Me miró con fijeza y cruzó las manos sobre su carpeta, haciendo una pausa en la redacción de mi historia clínica. El repentino interés que adiviné en su rostro me dio ánimo para alzar la voz:

—¡Las mujeres también se entrenan! Ninguna quiere llegar con los ojos vendados al matrimonio, como ocurría antes. Además, existe una enorme competencia entre amigos respecto a quién es mejor en la cama y sólo un tonto se quedaría atrás mientras los demás se superan.

El doctor Asaf Marín bajó la vista sonriendo en ademán de desacuerdo. Se tomó un tiempo para responder, pero cuando lo hizo me dio la impresión de estar preocupado por el giro que había tomado la conversación.

—Efrén, ¿tú sabes cuál es mi especialidad?

—En su tarjeta dice "disfunciones sexuales".

—¿Y sabes qué es eso?

Lo suponía, pero preferí quedarme callado.

—Doy tratamiento a parejas que no se acoplan sexualmente. Todos los días, desde hace muchos años, escucho diferentes historias de hombres que no satisfacen a sus mujeres y viceversa. Ahora, entiende lo que te voy a decir: en gran cantidad de esos casos el problema radica en raíces sembradas por ciertos eventos perjudiciales de la juventud.

Ladeé la cabeza, indispuesto a dejarme impresionar.

—De acuerdo —contesté—, pero usted es científico y no puede estar en contra del aprendizaje. Querer saber más nunca podrá ser un "evento perjudicial".

—A ver. La verdadera sabiduría hace a la persona más "humana". No la convierte en animal. ¿De acuerdo? Tratar a tu pareja como un objeto didáctico y memorizar técnicas calculadas te insensibiliza. ¡Para tener relaciones sexuales no se necesita tanto *saber,* sino *sentir*..! Los hombres que miden cada movimiento y evalúan todas las reacciones de su compañera son los peores amantes. Mientras más episodios carnales protagonices sin amor, más te endurecerás, y en el futuro te será imposible experimentar la belleza de una pasión. No sé si me entiendas, pero muchos de mis pacientes conocen técnicas sexuales sofisticadas, tienen esa "sapiencia" de la que me hablas, pero han perdido la capacidad de emocionarse. Toda su pericia les ha servido sólo para mecanizar un acto que debería estar lleno de espontaneidad y vida...

Tardé unos segundos en contestar. Mi voz sonó menos altiva pero aún enérgica:

—A las mujeres les gusta acostarse con hombres diestros. Ellas valoran mucho nuestra experiencia.

—Eso es un mito. Las mujeres que *se entregan por completo* a un hombre lo hacen buscando una correspondencia. Si eres capaz de hablarle con el corazón a tu pareja, si puedes ser cortés y considerado, si sabes, en suma, hacerla sentir como una dama, podrás llevarla al éxtasis más fácilmente que si conoces al dedillo, por ejemplo, el complejo arte del sexo oral y quieres aplicarlo con ella de manera presuntuosa. El hecho de que un hombre se haya acostado con muchas mujeres no indica que sea un buen amante. Al contrario. Las aventuras sexuales del pasado se graban en la mente como recuerdos. Los llamo *"basura de reminiscencia"*. Es basura porque estorba y a veces apesta. La cantidad de episodios no significa necesariamente calidad.

Me quedé callado durante unos segundos. Los argumentos del médico eran demasiado categóricos para rebatir a la ligera, pero yo estaba convencido de que las ideas de continencia no provenían sino de prejuicios sociales y santurronería religiosa. Además, yo era diestro en convencer muchachas. ¡Tenía que decir algo!

—Sin embargo —retomé—, a todos los hombres se nos recomienda "vivir la vida" mientras somos jóvenes. Las mismas mujeres no quieren correr el riesgo de unirse a un tipo inmaduro que no conoció el mundo y que, ya casado, pueda desear conocerlo. Los hombres que están hartos de sexo y parranda son los mejores maridos pues ya lo han vivido todo.

—Temo decirte que ese punto es *otro* mito social —contestó el doctor—. Las familias estables jamás se fundamentan en parrandas previas. Al contrario. Un hombre acostumbrado a la juerga es más propenso a seguir en ella después de casado.

La sangre me enrojeció el rostro como si estuviese frente a un agresor propuesto a echarme en cara que mi vida entera era un error.

—Pues yo sigo pensando —dije mordiendo las palabras—, que un hombre casto, ignorante de las mujeres, tarde o temprano le será infiel a su esposa para saciar su curiosidad en otras.

—Es posible —admitió—, pero no lo tomes como una regla. Para ilustrar mejor lo que quiero decir, te voy a exponer el caso que tuve hace poco con dos pacientes varones: Ambos comenzaron a tener discusiones muy serias con sus esposas después de unos meses de haberse casado. Uno de ellos, en su soltería, había pertenecido a pandillas, había sido un experto seductor y visitaba con frecuencia todo tipo de centros nocturnos. El otro, en cambio, se había dedicado al estudio y al deporte, además, durante muchos años había tocado la guitarra con sus amigos bohemios y en ocasiones lo había hecho también para la iglesia local. En sus peleas matrimoniales posteriores, los hombres se alteraban tanto que más de una vez llegaron al grado de salirse de sus casas. ¿Adónde crees que se dirigía uno y otro? Como es evidente, el primero acudía a las prostitutas, se ahogaba en licor y no regresaba con su esposa sino varios días después. En cambio, el segundo corría por las calles amainando su coraje con ejercicio y a veces se refugiaba en la quietud de un templo para reflexionar y recuperar la calma. Son casos extremos, pero reales. A mí me consta. Si antes de casarte vives de manera equilibrada, divirtiéndote limpiamente y con medida, es difícil que después de unirte a una mujer te corrompas. Por el contrario, si vives en desenfreno insano, cuando se presenten los problemas maritales tendrás la tendencia a huir por la misma puerta de corrupción que tantas veces abriste antes. En los países desarrollados el ambiente juvenil se ha degradado tanto que ya es muy difícil hallar matrimonios jóvenes exitosos; los muchachos se acostumbran a tal depravación que después de casarse, como es lógico, no logran superar sus hábitos promiscuos. Ahora te pregunto: ¿cuál de mis dos pacientes crees que salvó su hogar? ¿El que parrandeó de joven o el que tuvo una vida ordenada?

La respuesta era tan obvia que me negué a contestarla. Eso cambiaba de manera importante el panorama de mis posibles decisiones futuras.

—Recomendarle a un muchacho que "viva la vida" antes de casarse —remató al verme callado—, en el sentido de que se harte de placeres, probando de todo, es tan absurdo como sugerirle a alguien que beba alcohol en abundancia para que después del matrimonio ya no sienta la curiosidad de embriagarse. ¿Lo crees un método funcional?

Moví la cabeza.

—El que se ha hecho esclavo de una adicción no se librará de ella sólo por firmar un contrato.

—¿Podría decirse entonces —pregunté tratando de adherirme a la idea de que no todos mis juicios podían haber estado mal—, que el sexo sin amor es un vicio y que abusar de él puede condicionar al cuerpo a dosis cada vez mayores, como ocurre con las drogas?

—Es una buena forma de explicarlo. Pero el problema no termina ahí. Los varones que han abusado del sexo, suelen estar tan acostumbrados al erotismo que se excitan con facilidad ante cualquier estímulo y buscan su satisfacción una y otra vez sin importarles lo que opine la mujer. Y no porque sean egoístas, sino porque su cuerpo así se los exige. Ese requerimiento físico lleva más fácilmente a la infidelidad matrimonial que el hecho de no haber conocido mujeres antes de casarse, como dijiste tú.

Sentí un calor bochornoso y una ligera falta de aire. Me abaniqué con la mano. Tuve deseos de salir para no pensar más en el asunto.

—Sin embargo —dije con una voz apocada—, a ellas les agrada que el hombre dé la pauta, les gusta ser enseñadas, dirigidas, y si éste llega al matrimonio sin conocer siquiera la anatomía de la mujer, ¿cómo va a conseguir hacer bien su papel?

—El varón no puede darse el lujo de ser ignorante, eso es verdad; debe leer e instruirse, pero sobre todo debe estar siempre consciente de su condición de caballero para tomar la iniciativa. Lo demás no necesita escuela. Es algo natural. Experimentar el sexo por primera vez es como visitar un extraordinario lugar: todo es fascinante, todo es digno de disfrutar, todo es motivo de investigación y entusiasmo. Si lo haces con alguien a quien amas, las emociones vividas irán sin basura, serán genuinas y exclusivas ¿me entiendes? En cambio si has ido a ese sitio treinta veces, acompañado de treinta personas diferentes y por último acudes con tu mujer definitiva, el suceso será muy distinto: serás como un simple guía de turistas. Tu ventaja quizá le ayude a ella en cierto aspecto y a ti te haga parecer superior, pero como pareja no sentirán complicidad ni construirán su historia de pareja valiosa. El amor se consolida cuando las personas aprenden juntas, cuando comparten acontecimientos trascendentes para ambas y no cuando uno le demuestra al otro su experiencia...

Agaché la cabeza sintiéndome indefenso. Luego me invadió el enojo. Había venido buscando la cura de una infección genital y el doctorcito parecía más interesado en curar mi alma. Una idea astuta me hizo recuperar el ánimo:

—Tal vez eso funcione cuando ambos son primerizos. Pero ¿qué pasa si el hombre cándido e idealista se espera para visitar ese "bello sitio" con su "princesa" y se da cuenta, después, que ella fue ya treinta veces antes que él? ¡Yo lo siento mucho pero no voy a arriesgarme a ser el idiota que necesite ser enseñado por una mujer experta!

—Por supuesto —me respondió sin ocultar un dejo de molestia en su tono de voz—. Si piensas así, te recomiendo que salgas a la calle ahora mismo a buscar las más pedagógicas experiencias; debes estar preparado por si tu pareja te aplica una llave erótica o te muerde en el sitio recóndito que enloquecía a su amante anterior.

No pude evitar sonreír, aunque me sentí un poco agredido.

—No bromee, doctor.

—No bromees tú. Los hombres jóvenes aprecian mucho más la pureza de lo que están dispuestos a aceptar; si aspiras hallar a una compañera respetable, ¿cuál es la urgencia por adelantártele? Aprende a esperar por ella. Vive la vida intensamente pero no degrades tu intimidad. Eso le dará valor a tu relación definitiva. Cuando la tengas, parte con tu pareja el pastel y cómanselo juntos, unidos en cuerpo y alma.

—Eso suena muy hermoso —me reí de él—, sólo que está fuera de época. ¡Ya no existen mujeres respetables, doctor!

Había metido un gol y lo sabía. De haber estado presentes mis amigos hubieran aplaudido. Sin embargo, al médico no pareció inmutarle mi sarcástica expresión; alzó la voz como la autoridad que era y espetó:

—Ese es otro gran mito social, amigo. Existen toda clase de mujeres y cada cual se enlaza a aquella con cuyos valores se identifica. Los jóvenes como tú, es obvio que terminen uniéndose a una chica experimentada. No te molestará al principio, pero después de la luna de miel, en cuanto te adentres con ella en la difícil convivencia real, estarás expuesto a los celos retrospectivos. Aunque intentes controlarlos, tu naturaleza masculina los aflorará una y otra vez. Tal vez nunca lo confieses, pero te atormentarás al imaginar las jugosas experiencias sexuales que vivió tu esposa con otros y pensarás mil tonterías, tales como "¿en brazos de quién habrá tenido sus primeras (y más emocionantes) relaciones?", "¿no recordará al tocar mi cuerpo el de otro hombre que la hizo vibrar antes que yo?" Pensamientos absurdos pero dolorosos, a los que muchos varones nunca llegan a acostumbrarse.

—Vamos, doctor, esos me parecen verdaderos casos de enfermedad psiquiátrica.

—Llámalos como quieras, Efrén, pero no te imaginas lo frecuentes que son...

Aún no alcanzaba a comprender por qué me molestaban tanto sus comentarios. Agaché la cabeza esforzándome por extraer de mi banco de memoria alguno de los muchos argumentos con los que convencía a las chicas. Solía decirles: *No hay nada de especial en entregar el cuerpo antes o después. La libertad sexual es parte de la vida moderna y las personas inteligentes, sin complejos, la aceptan.*

—¿Esta usted diciendo que la virginidad es el sello de garantía? —Pregunté como último recurso en tono de burla—. Esas son ideas antediluvianas, doctor.

—No trates de salirte por la tangente, mi amigo. Nadie dijo eso de la virginidad. Hay hímenes tan duros que es materialmente imposible penetrarlos; los hay tan elásticos que han resistido una vida sexual activa sin romperse; algunos se rasgan con facilidad (incluso con ejercicios leves), éstos sangran al partirse, aquellos no; mientras unos producen dolor, otros ni siquiera dan señas en su ruptura. Darle importancia a esa membranilla sí es antediluviano, porque la integridad de una persona, hombre o mujer, no se mide con fronteras físicas, sino con lineamientos mentales.

Camino a casa decidí que, al menos mientras me curaba de mi enfermedad, me daría unas vacaciones en el deporte de "cazar chicas".

—Mucho me temo —le dije al doctor para dar por terminada la discusión—, que hay pocas personas que piensan como usted. Además, con esto de los anticonceptivos y el aborto, el sexo se ha convertido en algo muy practicado.

—Los anticonceptivos son una cosa y el aborto es otra. ¿Tú permitirías que una de tus amantes abortara un hijo tuyo?

—¿Por qué no? Si el niño estuviese destinado a maltratos y privaciones, sería preferible que no naciera.

El doctor Asaf Marín se limitó a asentir. Tomó una receta y escribió sus recomendaciones.

—Hazte los análisis el lunes a primera hora y ven a verme el martes con los resultados. Por lo pronto, aplícate esta pomada en la zona irritada.

—¿Es grave lo que tengo?

—Seguramente se trata de herpes, pero necesito los resultados para diagnosticar en forma completa.

—¿Herpes? Leí que es una enfermedad incurable y recurrente.

—Sí, pero podemos controlarla bastante bien y comparada con otra es prácticamente inocua.

Nos pusimos de pie para despedirnos.

—Tengo aquí una película que me gustaría que vieras —me dijo abriendo el cajón de su escritorio y extrayendo un DVD—. Es sobre el último comentario que me hiciste. Me gustaría oír tu opinión después de que la veas.

—¿Sobre el aborto? —Me encogí de hombros—. Es inútil doctor. Tengo ideas muy claras al respecto y nada ni nadie me hará cambiar de opinión.

—No pretendo que cambies tus ideas, sólo te pido que veas la película.

—De acuerdo —la tomé—. Gracias...

Entré a las calles de mi colonia y encendí la radio en una estación moderna.

Cuando llegué a mi casa me quedé frío y apagué la música.

Joana estaba de pie, en la puerta, esperándome.

5

El aborto

—Hola —dije fingiendo espontaneidad—. No sabía que ibas a venir.

Me miró asintiendo con un gesto de franca desconfianza. Intenté darle un beso en la mejilla, pero levantó la mano para impedirlo.

—¿Estás enojada?

—¿Cómo quieres que esté?

—Discúlpame por la llamada de hoy. En cuanto comencé a sentir molestias pensé en comunicarme contigo. A mi parecer fue lo más honesto...

Joana endureció aún más su postura.

—¿A las amigas que te infectaron también solías dibujarlas en la clase?

Agaché la vista, avergonzado.

—¿De qué me contagiaste, Efrén?

—No te contagié de nada. Quiero decir, las posibilidades son muy remotas, según leí, porque anoche todavía no me había brotado el absceso.

—¿De qué estás enfermo?

—Es algo muy común, una simple infección cutánea que se cura con pomadas; aunque insisto, no debes preocuparte —casi me mordí la lengua al mentir. A esas alturas el escozor era tan intenso que apenas me permitía caminar.

—¿Por qué no me lo dijiste así en la mañana? Tuve la impresión de que me habías transmitido algo muy grave a propósito y te estabas burlando de mí...

Me acerqué y la abracé, pero de inmediato noté un olor desagradable en su piel o en su aliento y me separé, incómodo.

—En realidad no vine sólo a reclamar —aclaró— sino a pedirte ayuda, protección.

—¿Protección?

—Se trata de Joaquín. Últimamente no deja de molestarme. Mis papás dijeron que anoche, mientras salí contigo, estuvo esperándome frente a mi casa. Hace un rato volvió a buscarme, parecía un maniático. Dijo que me deseaba, que estaba dispuesto a todo por poseerme. Le tengo miedo. No sé cómo pude enamorarme de un sujeto como él. Ahora no logro quitármelo de encima... Se ha vuelto muy agresivo, como si durante todo nuestro noviazgo hubiese fingido un papel de caballero para...

—¿Para..?

—Para que me acostara con él...

Me quedé callado asintiendo en mi interior. Era muy lógico. Los hombres, después de tener relaciones sexuales con una mujer de quien no estamos enamorados, solemos sentir un mayor deseo por ella y un menor respeto. Yo mismo, ya no veía a Joana de la misma forma; la enaltecí y admiré varios meses; durante la fiesta de la víspera se convirtió en mi sueño dorado, en la Cenicienta por quien un hombre es capaz de tornarse príncipe, y ahora, después de lo ocurrido, se había convertido ante mis ojos en una simple muchachita casquivana a quien no me costaría trabajo volver a seducir. Los hombres sabemos que es más fácil seguir satisfaciendo nuestra libido con una mujer degustada anteriormente que iniciar una nueva conquista desde el principio.

—¿Has visto alguna de esas películas en la que el marido mantiene aventuras amorosas con una mujer malvada? —pregunté.

—¿Y que después esa mujer usa el chantaje para hacerle ver su suerte a él y a su familia? Sí. He visto varias.

—¿Recuerdas lo agradable que parecía comerse la fruta prohibida y la pesadilla posterior? Cuando tenemos sexo de manera liviana no sabemos con quién lo hacemos. Tú misma llegaste a pensar que yo quise hacerte un daño intencional, desconfiaste con justa razón. Los aficionados a las aventuras sexuales fáciles podemos llevarnos desagradables sorpresas porque quienes se prestan a nuestro juego eventualmente tienen traumas, complejos o intenciones diferentes a las puramente carnales. Al momento del cortejo, las personas usan su mejor máscara para salirse con la suya, pero nunca se sabe, sino hasta mucho tiempo después, la verdadera clase de individuo que había detrás del antifaz.

Me sorprendí de los conceptos que estaba exteriorizando. Eran casi una confesión. Yo solía manipular así a las mujeres, pero acababa de darme cuenta que también era susceptible de ser manipulado.

—Además —continué—, hay algo todavía importante, Joana. Cualquier hombre, después de acostarse contigo, se sentirá con ciertos derechos sobre tu persona, te verá un poco como de su propiedad y aun cuando ya no quieras saber nada de él, te seguirá deseando y persiguiendo.

—¿Esto te incluye a ti?

—Sí. Por desgracia —sonreí maliciosamente—. Pero ahora ya lo sabes y estás a tiempo de correr...

—No juegues, Efrén —se acercó—. Necesito que me ayudes y protejas...

Me miró a la cara como esperando que la besara pero volví a percibir la fetidez de su boca. Había algo diferente en ella, algo que no noté *ayer*, pero que *hoy* me causaba repulsión.

Al verme titubear, recargó su cuerpo en el mío. La abracé. ¿Quién era realmente Joana? ¿Qué quería de mí? Su conducta parecía demasiado extraña y una pregunta comenzó a flotar en mi mente antes de que me percatara de lo más grave. ¿Había caído en mis redes o fui yo quien caí en las suyas..? Entonces ocurrió. Hice a un lado la cara para intentar separarme y al hacerlo sentí que la sangre se me detenía en las venas. En mi mente se dibujó una de las ilustraciones del libro de enfermedades venéreas: En el cuello de la muchacha había infinidad de pequeñas manchitas rosas, como las que se presentan en la piel de las personas que padecen sífilis tardía.

Entré a mi casa agitado y subí la escalera llevando bajo el brazo el DVD sobre el aborto.

—¿Dónde andabas? —preguntó mamá cuando me acerqué a darle un beso.

—Con mis amigos.

—Te ha estado llamando una tal Joana. Me dijo que le urgía hablarte. Me dejó su número.

—Gracias mami. ¡Ah!, quería pedirte prestado el reproductor de DVD de tu recámara para ver una película.

—Claro. Tómalo.

Antes de abandonar el estudio de mi madre miré el libro sobre infecciones de transmisión sexual que había dejado en su sitio salido de los demás.

—¿Te ocurre algo?

—No, no. Sólo pensaba que trabajas demasiado. ¿Haces otra traducción?

—Sí. Los gastos de la casa son cada vez mayores.

Me mordí el labio inferior y le di las buenas noches.

Fui a mi cuarto. Cerré con llave tratando de apaciguar la revolución mental. Al conectar el aparato a la televisión portátil me di cuenta que temblaba. Había entrado a un cierto estado de enajenación sexual. Sentía avidez por saber todo lo referente a mi deporte favorito y el tema del aborto, aunque se relacionaba sólo indirectamente, me causaba una gran angustia.

Aparecieron en la pantalla las letras que anunciaban la obra; *American Portrait Films* presentaba *El grito silencioso,* por el doctor Bernard Nathanson. Me sorprendió ver que el protagonista era un médico ginecobstetra que después de haber fundado una de las clínicas para abortos más grandes del mundo, practicado con su propia mano más de cinco mil abortos y cofundado la "Liga nacional para el derecho del aborto" en los Estados Unidos, en la actualidad se dedicaba a prevenir a la gente sobre la crueldad de esa práctica. Su cambio radical se debió a que, ahora, la medicina cuenta con recursos sofisticados con los que se ha logrado penetrar hasta el mundo del nonato y entender, a ciencia cierta, que el feto es un ser humano completo, cuyo corazón late, poseedor de ondas cerebrales como las de cualquier individuo pensante, capaz de sentir dolor físico y reaccionar con emociones de tristeza, alegría, angustia o ira.

Comenzaron a verse escenas realistas filmadas en el interior del útero de una mujer, usando una micro cámara de video. Destacaban con increíble nitidez la fisonomía del pequeño, sus pies, sus ojos, su boca, su posición encorvada, su piel suave y delicada. Las imágenes no dejaban duda alguna de que entre ese "producto" y un ser humano completo, con garantías individuales y protegido por las leyes, no había ninguna disimilitud dramática, excepto el tamaño.

Puse una pausa para considerar la posibilidad de seguir viendo la película o retirarla de una vez. Tenía importantes razones para estar a favor del aborto; no quería cambiar mi postura al respecto. Comprendía, sin embargo, que no era coherente tener ideas tan firmes respecto a algo que en realidad desconocía.

Quité la pausa.

El feto flotaba en su ambiente acuoso, jugueteando con el cordón umbilical, luego se llevó el pulgar a la boca. Succionando su dedo, tragó un poco de líquido amniótico. Le sobrevino un ataque de hipo. Sintió la mano de su madre que sobaba el vientre. Pateó la mano. Percibió la risa de su mamá como un rumor sordo. Notó cómo ella le devolvía el golpecito y volvió a patear. Al poco rato perdió interés en el juego y se quedó dormido.

El doctor Nathanson mencionó que en la actualidad puede considerarse al nonato como un paciente más, y que la ética elemental dicta al médico preservar la vida de sus pacientes.

—Ahora veremos por primera vez —dijo—, a través de modernos aparatos, lo que hace el aborto a nuestro pequeño paciente. Presenciaremos lo que ocurre dentro de la madre, desde el punto de vista de la víctima.

La operación comenzó.

Alternadamente se veían las imágenes de cuanto realizaban los médicos afuera y lo que pasaba adentro.

El abortista colocó el espéculo en la vagina de la mujer para abrirla y visualizar el cuello uterino. Insertó el tenáculo y lo fijó. Midió con una sonda la profundidad del útero y aplicó los dilatadores hasta que el camino estuvo listo para introducir el tubo succionador. Mientras, en la pantalla se veía al feto moverse serenamente; su corazón latía a 140 por minuto; estaba dormido, chupándose el pulgar de la mano izquierda. De pronto despertó con una simultánea descarga de adrenalina. Había percibido algo extraño. Se quedó quieto, como si agudizara sus sentidos para entender lo que estaba sucediendo afuera. El aparato ultrasónico captó la imagen de la manguera succionadora abriéndose paso a través del cuello con movimientos oscilantes, hasta que se detuvo tocando la bolsa amniótica. Entonces la enorme presión negativa (55 milímetros de mercurio) rompió la membrana y el líquido, donde flotaba el niño, comenzó a salir. En ese preciso instante el pequeño comenzó a llorar. Pero su llanto desesperado y profuso no pudo oírse en el exterior. Inició giros rápidos tratando de huir de esa cosa extraña que amenazaba con destruirlo. Su ritmo cardiaco sobrepasó los 200 latidos; siguió llorando, su boca se movía con dramatismo y hubo un momento en el que quedó totalmente abierta. Los aparatos detectaron un grito que nadie pudo escuchar. Los violentos movimientos del bebé provocaban que se saliera constantemente de foco. Pudo observarse a la perfección la forma en que trataba de escapar, convulsionándose para evitar el contacto con el tubo letal, pero su espacio era reducido y el agresor llevaba toda la ventaja. Por fin, la punta de succión se adhirió a una de sus piernitas y ésta se desprendió de un tajo. Mutilado, siguió moviéndose cada vez con menor rapidez en un medio antes líquido y ahora seco. La punta del aspirador trató de alcanzarlo otra vez; los médicos la introducían buscando a ciegas; les daba lo mismo arrancar otra pierna, un brazo o parte del tronco; para esa parte del proceso no existe ningún procedimiento técnico. El niño seguía llorando en una agonía impresionante. El tubo volvió a alcanzarlo, esta vez enganchándose en un bracito que también fue desprendido. Negándose a morir, el cuerpecito desgarrado siguió sacudiéndose. La manguera jaló el tronco tratando de arrancarlo de la cabeza. Al fin lo logró. El desmembramiento fue total.

Entre el abortista y el anestesista se utilizaba un lenguaje en clave para ocultar la triste realidad de lo que estaba sucediendo.

—¿Ya salió el número uno? —preguntó el anestesista refiriéndose a la cabeza.

Ésta era demasiado grande para ser succionada por la manguera, de modo que el abortista introdujo los llamados fórceps de pólipo en la madre. Sujetó el cráneo del pequeño y lo aplastó usando las poderosas pinzas. La cabeza y el encéfalo, explotaron como una nuez. Los restos fueron extraídos minuciosamente. El recipiente del succionador terminó de llenarse con los últimos fragmentos de sangre, hueso, y tejido humano del bebé recién abortado.

La embarazada que había permitido la filmación era una activista de los derechos de la mujer. Cuando vio la grabación quedó tan impresionada y triste que se retiró de su grupo para siempre. El médico que practicó la operación era un joven que, a su edad, había realizado más de dos mil abortos. Cuando pudo observar con los modernos aparatos lo que sucedía en el interior de la madre, se retiró de su actividad.

Por mi parte, no soporté más y adelanté la película.

Las escenas posteriores eran mucho más desagradables.

Se trataba de otro tipo de aborto: un legrado visto desde afuera. Podía observarse la gran cantidad de sangre y líquido mezclado con pedazos de feto saliendo de entre las piernas de la madre. Finalmente, la cabeza completa.

Apagué el televisor y me dirigí al baño. Estuve inclinado en el lavabo durante varios minutos.

Al salir volví a encender el aparato y con cautela adelanté la película hasta el sitio en que ya no había más tomas reales.

Los protagonistas comentaban:

—En Estados Unidos, se calcula que antes de que esta práctica se autorizara, había cerca de cien mil abortos ilegales anualmente y diez años después se registraban más de un millón quinientos mil. Considerando que por cada aborto se cobra de 300 a 400 dólares, tenemos una industria que por sus ingresos (de 500 a 600 millones de dólares) figura entre las más poderosas y lucrativas del mundo. Lo anterior ha hecho que la millonaria mafia oculta detrás de este teatro del crimen promueva los movimientos feministas y consiga bloquear gran parte de la información referente a lo que *realmente* es un aborto. Millones de mujeres han sufrido perforación, infección o destrucción de sus órganos reproductores como resultado de una operación de la que no estaban bien informadas. ¡La operación más frecuente en los países desarrollados nunca ha sido transmitida por televisión cuando, por ejemplo, los trasplantes cardiacos o de córneas, que son raros, se muestran al público orgullosamente! Y por desgracia, se cree que el número de abortos seguirá creciendo, pues la mayoría de las personas son perezosas para instruirse y actúan sin saber lo que hacen. Éste es un camino fácil que permite a la gente ignorante seguir ejerciendo libre e irresponsablemente su sexualidad. Pero los jóvenes instruidos no pueden estar a favor de algo así, no pueden ni siquiera mostrarse neutrales pues la neutralidad sólo ayuda al agresor.

Se presentaban dramáticos testimonios reales de mujeres que abortaron. La mayoría de ellas manifestaba preocupación, recuerdos penosos, pesadillas posteriores y alucinaciones del niño abortado.

No lo soporté más.

Apagué el televisor hecho un mar de confusión. ¿Cómo había permanecido tanto tiempo apoyando algo así?

No tuve la menor duda que el origen de todos los errores del hombre está en la ignorancia. Hasta los mismos médicos abortistas practican su labor con una venda en los ojos, oliendo el delicioso aroma del dinero. Pero el hombre no es malo cuando sabe. Es malo por ignorante...

6

¡No puedo esperar hasta casarme!

No logré conciliar un sueño tranquilo durante varias noches. Una profunda depresión me mantenía sudando en duermevela, soñando pesadillas y sobresaltándome. Imaginaba que yo era el niño abortado; luego pensaba que me casaba con Jessica y que nuestro hijo se materializaba en medio de nosotros cuando hacíamos el amor. Mi aspecto general desmejoró mucho. Tuve fiebre y se me formaron enormes ojeras. Sin embargo, el día de la cita con el doctor Marín me corté el cabello, me duché, me rasuré y preparé mi mejor camisa.

Llegué media hora antes y entré al consultorio con paso lento. La recepcionista estaba hablando por teléfono. Simuló no verme, pero creí adivinar en sus movimientos una ligera mueca de turbación.

Estábamos solos en la sala de espera. Me paré frente a su escritorio mirándola a la cara. No era tan llamativa como Joana, pero sí más elegante que muchas de las chicas que conocía.

—Hola —le dije apenas colgó el teléfono—, tengo una cita con el doctor. A las dos.

—Claro. Llegaste un poco temprano, ¿verdad? Puedes tomar asiento mientras se desocupa.

Obedecí con naturalidad.

—¿Cómo te llamas? —pregunté.

—Dhamar.

—Es un nombre fuera de lo común.

Se encogió de hombros.

—A mí no me parece así. Lo he escuchado toda la vida.

Sonreí.

—¿Sabes por qué llegué tan temprano?

—Mhh.

—Para preguntarte cómo te llamabas... y para disculparme por mi tontería del sábado. Casi no pude dormir pensando en el café que derramé.

—Ah, no tiene importancia. Algunos pacientes se ponen muy nerviosos en su primera cita.

Sentí el alfiler del bochorno atravesándome la lengua. Dhamar era demasiado suspicaz para dejarse impresionar por mis galanterías, pero lo más curioso es que, lejos de desear conquistarla, sentía por ella la respetuosa admiración que inspiran las personas de quienes quisiéramos ser amigos. Me enojé conmigo mismo por mi pésima actuación y simulé leer una revista.

Poco después de las dos, una pareja joven salió del privado. Detrás de ellos el doctor Asaf. Me saludó.

—Pasa —me invitó—. ¿Cómo siguen las molestias?

Caminé detrás de él y me cercioré de cerrar bien la puerta antes de contestar.

—Peor. El ardor de las llagas es intolerable. No soporto ni el roce de la ropa. Además, ahora siento un intenso dolor al orinar. Aquí están los análisis.

El médico abrió el sobre y se hundió en su sillón para leer.

—Lo que me imaginaba. Se trata del herpes simplex virus 2, aunque hay presencia también de un organismo llamado *chlamydia trachomatis.*

Extrajo un recetario de su cajón y comenzó a escribir.

—Es preciso administrar antibióticos.

—¿Me curaré por completo?

—De la uretritis sí. Del herpes, tal vez. Es decir, en muchas de las personas jamás se presenta un segundo brote, pero en otras...

—¿Y de ahora en adelante contagiaré a todas las mujeres con las que tenga relaciones?

—No. Cuando las pústulas desaparezcan, el virus se hallará latente en uno de tus nódulos y no será contagioso. Únicamente podrás transmitirlo mientras las vesículas sean visibles, en caso de que vuelvan a brotar.

¿De modo que si mi sistema linfático no lograba capturar el virus y amansarlo, éste saldría a saludarme periódicamente durante el resto de mi vida..? Caray. En los últimos días mis rudimentos en materia sexual habían sido agredidos de forma cruel.

—Vi la película del aborto —comenté.

—¿Qué te pareció?

—No tengo palabras. Me hizo reflexionar.

Interrumpió la redacción de sus notas para mirarme.

—Me alegra saberlo.

—A mí no. Comprender que el sexo sea algo tan vedado me ha hecho sentir muy confundido y... triste.

—El sexo no es vedado. Sólo hay muchas implicaciones en las que deben pensarse antes de practicarlo. Eso es todo.

—¿Pero por qué tiene que ser así? ¡Si se trata de una exigencia fisiológica! ¡Las necesidades vitales de los individuos son algo privado que se satisface cuando el organismo lo pide, a solas, sin poner al tanto a los demás!

—El sexo no es una necesidad vital, Efrén. Prueba de ello es que si dejas de hacerlo no morirás ni enfermarás. Existen personas célibes que llevan una vida sana. Lo apropiado sería decir que se trata de una *reacción física* ante los estímulos del medio, similar al reflejo de tiritar cuando hace frío. Sin estímulo no hay respuesta orgánica. *El sexo,* y esto fuiste tú quien lo dijo, *puede convertirse en una necesidad sólo si abusas de él,* de la misma forma en que puedes llegar a depender del alcohol si no controlas tu forma de beber. Ahora supongamos que has alcanzado ese grado. No podrás apaciguar tu libido siempre *a solas,* como acabas de decir. Requerirás involucrar a otra persona, pudiendo propiciar consecuencias que trasciendan a los dos. Además de la alarmante cantidad de abortos, cada año se registran millones de niños abandonados, madres solteras e innumerables matrimonios forzados. Además, las estadísticas de enfermedades de transmisión sexual y proliferación del sida son cada vez más alarmantes. La práctica irresponsable del sexo ocasiona problemas muy graves que *nos afectan a todos.*

No puedes decir que satisfacer una necesidad con semejantes repercusiones sociales sea algo privado.

—Pero en la actualidad existen muchos métodos para cuidarse —protesté con poca fuerza.

—¿Te refieres a cuidarse de embarazos indeseados? Claro que los hay. Los jóvenes liberales *deben* usar anticonceptivos e instruirse ampliamente respecto a ellos. Pero dime, ¿qué método es infalible?

—La píldora —contesté de inmediato.

—¿Y sabes cómo funciona?

—Más o menos.

—Pues se basa en la administración de hormonas sintéticas que producen un estado de falso embarazo. La publicidad habla maravillas de la píldora, pero todos los médicos sabemos que puede ocasionar desde várices, celulitis, acné, obesidad o esterilidad temporal hasta desequilibrios nerviosos. Las jóvenes que la usan tienen que ingerir una pastilla diaria, ininterrumpidamente, sin poder dejar de tomarlas hasta terminarse las cajas completas so pena de sufrir un trastorno hormonal. Para que tantas molestias valgan la pena, la muchacha deberá llevar una vida sexual muy activa.

—Entonces el dispositivo intrauterino —interrumpí, y después de un segundo pregunté—, ¿cómo trabaja eso?

—Produce una inflamación en el útero; los vasos sanguíneos se dilatan y la matriz se llena de defensas que atacan al cuerpo extraño; algunas tendencias dicen que los espermatozoides mueren al entrar a ese medio hostil y otras aseguran que aunque sí logran fecundar el óvulo, el nuevo huevo o cigoto no puede implantarse y se desecha en la menstruación; eso se llama microaborto. Además, el dispositivo debe ser colocado por un médico y, aún con todo, existe el riesgo de infección, embarazo ectópico, contracciones o hemorragias. Existe el diafragma: se receta por un ginecólogo que previamente auscultó la vagina de la mujer para determinar el tamaño del capuchón adecuado y queda bajo la responsabilidad de ella introducírselo antes del coito y colocárselo bien. El preservativo también puede tener fallas si el hombre no es cuidadoso. También tenemos los espermicidas en jaleas u óvulos, o métodos naturales, pero todos con ciertos inconvenientes y grado de riesgo. ¿Quieres que hablemos más de ellos?

—No. Más o menos sé como funcionan. Pero ¿qué hay sobre nuevos productos como el parche o la inyección?

—Me alegra que preguntes sobre eso. El parche u Ortho-Evra, es un pedazo de plástico adhesivo que se coloca en el cuerpo una vez por semana durante tres semanas seguidas. Libera hormonas que protegen contra el embarazo en un mes, pero no provee ninguna protección contra enfermedades de transmisión sexual, puede crear reacción cutánea, incremento en el riesgo de coágulos, colapsos, aumento de peso, náuseas, sangrados irregulares y otros inconvenientes. Depo-Provera, o la inyección, es una carga fuerte de hormonas que deben administrarse en el consultorio médico cada 12 semanas. Evita que los ovarios liberen el óvulo o que un óvulo fertilizado se implante en el útero. De nuevo, no provee protección contra las enfermedades de transmisión sexual y sus efectos secundarios incluyen pérdida del período menstrual, cambio de apetito, nerviosismo, incremento de peso, depresión, pérdida de cabello, o incremento de bello en cara o cuerpo.

—Lo que me parece raro es que un médico como usted hable mal de los anticonceptivos.

—¡No hablo mal en lo absoluto! El control natal es un distintivo *inseparable* de la época moderna, pero los jóvenes solteros no pueden apoyarse en él con la confianza que lo hacen para sumergirse de lleno en la vida sexual.

—¡Sin embargo, el mundo entero experimenta con el sexo! Los chicos se masturban desde la pubertad y gran cantidad de parejas jóvenes suelen tener sesiones de caricias. ¿Acaso usted lo ignora?

—De ninguna manera. El problema en los jóvenes solteros comienza cuando se acostumbran a la excitación sin mayores resultados, o al acto sexual incompleto. El cuerpo aprende todo y lo graba como reflejos condicionados. Es mi trabajo,

Efrén: frigidez, vaginismo, eyaculación retardada o precoz, impotencia y muchos problemas psicosomáticos más, suelen tener su origen en antiguos ejercicios.

—Y las chicas que se dejan tocar pierden su reputación —completé.

El doctor se encogió de hombros.

—Oiga, pero si los animales copulan cuando están en celo de forma natural, ¿por qué en el hombre es tan complicado?

—Tú lo has dicho. Ellos lo hacen instintivamente y sólo cuando la hembra se encuentra en etapa fértil. El ser humano, en cambio, puede tener coito y placer en cualquier época del año. Posee capacidad de decisión sobre sus impulsos y, sobre todo, tiene sentimientos. En nosotros, el goce físico funciona no sólo para procrear, como en los animales, sino para *sentir* con nuestra pareja la magnitud máxima del amor.

Fruncí la boca y miré mi entorno. Él aprovechó la pausa y terminó de redactar mi historia clínica. La cantidad de diplomas otorgados al doctor Asaf Marín era impresionante. De pronto encontré algo en su librero que me causó una gran incomodidad. Protesté de inmediato, como si pudiera asirme de aquello para echar por tierra los argumentos expuestos.

—¿Y esa Biblia, doctor? ¿Qué significa? ¡No me diga que todas sus opiniones tienen fundamentos teológicos o moralistas!

—Sabes que en mi especialidad soy uno de los médicos más reconocidos de este país, pero por lo que veo, cualquier excusa te servirá para hacer oídos sordos a lo que no te conviene.

—Pues si no quiere dar la apariencia de que mezcla trabajo con espiritualidad, debería poner ese libro en su recámara, ¿no le parece?

Por primera vez percibí un destello de enojo en los ojos del médico. Me miró fijamente para hablarme muy despacio con voz clara y firme.

—Efrén, yo no pretendo inculcarte moral o religión. Mis opiniones tienen fundamentos puramente prácticos y científicos. Ahora entiende lo que voy a decirte. Tú puedes ser un indecente si quieres, puedes ser un rebelde, un mujeriego, un truhán, un libertino y como médico no te lo reprocharé. Yo sólo reconvendré de inmediato la conducta de un paciente irracional que se haga daño a sí mismo —se puso de pie inclinándose hacia delante para decirme cara a cara con voz firme—: Puedes permitirte ser un inmoral si así lo deseas, pero por ningún motivo puedes darte el lujo de ser un estúpido...

El regaño fue tan directo que percibí cómo me ruborizaba. Mi cabeza estaba hecha un verdadero caos. Ansiaba probar un noviazgo sin morbo físico. Necesitaba desahogarme... Tenía muchos conocidos, pero ninguna amistad verdadera. ¡Cómo me hacía falta alguien en quién confiar! El único amigo que tuve en la escuela preparatoria embarazó a su novia. El padre de la chica, que era policía, le exigió casarse, a lo que él se negó; una semana después fue detenido por tres agentes judiciales que le dieron una paliza y lo amenazaron de muerte. Mi amigo me contó todo llorando. Tenía la cara hinchada y un brazo roto. Lloré con él su inverosímil pesadilla. No podíamos creer que algo así pudiera ocurrir en esta época. A los pocos meses de casado abandonó a su esposa y se fue a otro país. Nunca más volví a verlo...

—¿Estás escuchándome, Efrén?

Respingué.

—Sí. Disculpe, señor.

—¿Te ocurre algo?

—No... es sólo que... —agaché la cabeza con verdadero pesar—. Los muchachos sufrimos mucho por tener que controlar un poderosísimo deseo que surge involuntariamente desde lo más profundo de nuestro ser. Además, es muy difícil remar contra la corriente. Los medios de comunicación nos manipulan. ¿A qué hombre no le llama la atención una mujer hermosa, semidesnuda, sin importar lo que promocione? La mente de los jóvenes está llena de escenas en las que los galanes conquistan a las muchachas y éstas se dejan seducir de forma rápida. Apenas se conocen y ya están en la cama. La televisión y el cine alaban el sexo rápido y lo presentan como lo más extraordinario de la vida; las canciones modernas, los mismos profesores y amigos, todo en el ambiente nos grita para que demos rienda suelta a las pasiones...

Hubo un largo silencio. Ninguno de los dos hicimos nada para romperlo. Asaf Marín debía reconocer que yo también tenía razón.

—No todos los adolescentes presentan la misma respuesta a ese bombardeo publicitario —comentó jugueteando con la pluma—. La intensidad del impulso sexual varía entre uno y otro.

—Tal vez... pero para que yo pueda aguantar tanto, necesitarían castrarme.

Los dos reímos de manera espontánea.

—El sexo en la juventud es la emoción más fuerte que puede sentirse. Yo no lo censuro. Sería demasiado osado de mi parte pretender dar reglas que funcionen para todos. Cada joven debe decidir su postura. Sólo recuerda que el no poder esperar en pos de una mayor gratificación es un síntoma de inmadurez.

—¿Y si me es imposible dejar de ser inmaduro —pregunté— y a pesar de todo decido tener relaciones sexuales?

—Bueno —contestó para mi asombro—, partiendo de una base científica y terapéutica, si no se quiere tener secuelas negativas, todo acercamiento sexual prematuro debería cumplir con tres requisitos básicos. En *primer lugar, darse en un ambiente de verdadero amor;* sólo el amor daría a la experiencia su dimensión adecuada, además de que permitiría a la pareja tomar la decisión justa si existe alguna complicación. En *segundo lugar, realizarse en circunstancias adecuadas;* relajadamente, sin prisas, en un sitio cómodo que no ofrezca peligros. Los episodios apremiantes suelen llevar consigo una fuerte carga de temor y convertirse en una aventura traumática. En *tercer lugar, hacerse con entrega mutua y sin remordimientos;* los efectos de la culpa podrían echar a perder ese momento y toda tu vida posterior. Con ojos de niño ansioso te parecerá fácil cumplir los tres requisitos al mismo tiempo, pero la verdad es que es sumamente difícil.

—Será más difícil abstenerse.

—Como todo en la vida, es cuestión de querer o no querer. Has probado muchas cosas. ¿Por qué no pruebas otra forma de pensar? Transmuta tu energía sexual hacia nuevas actividades. Llena tus horas de tareas gratificantes. Haz deporte intenso, lee mucho, entrégate con pasión a una actividad creativa como escribir, pintar, esculpir, componer música, bailar, armar modelos a escala o cualquier otra ocupación en la que tu espíritu se relaje y las intensas energías de tu interior se transformen en creaciones artísticas. Hállale sentido a tu vida. Encuentra la misión que se te ha encomendado y lucha por ella sin más preocupación. Tu pareja llegará sola, cuando menos la esperes; ten confianza en eso y, mientras tanto, haz algo por ti. Te enamorarás justo de la persona que mereces, según los méritos que hagas ahora. No puedes perder tiempo desgastándote en aventurillas peligrosas y dañinas cuando tu persona necesita tanta superación. Muchos hombres casados confiesan que el fantasma mental de otras mujeres con las que se acostaron en el ayer se les aparece al estar con sus esposas, propiciando las comparaciones e impidiéndoles una entrega total. No llenes de basura tu subconsciente. Llénalo de ideas poderosas. Hallarás grandes obstáculos, es cierto, pero nadie llega a la cima del Everest por casualidad. Si deseas lograr una meta importante requerirás convicciones firmes, planeación cuidadosa y energía para evitar las circunstancias que te harán caer. La diferencia entre los grandes hombres y los mediocres estriba en que los primeros han imaginado la clase de vida que quieren y se han planteado un código de normas para conseguirla. No eres un animal sexual, como la publicidad quiere hacerte creer. Ellos excitan a la gente para vender. Saben su cuento. Aprende a decir "no" a las presiones de otros y verás lo bien que te sentirás al manejarte según tus principios. Que nadie te manipule en el aspecto más íntimo. Si tu entorno es demasiado asfixiante, cambia de amistades. Es más fácil de lo que piensas. Rodéate de gente que tenga los mismos valores que tú y convéncete de que eres una persona de gran importancia. Los jóvenes que se mantienen firmes, que se niegan a jugar con los demás, a beber alcohol, a fumar, a tener sexo por simple placer, a hacerse daño a sí mismos, no son maricones, como suelen gritarles los demás, son verdaderos hombres de los que cada vez hay menos. No porque seas varón tienes derecho a degradarte. Es posible que a la mujer que te ame no le importe (en apariencia) tu pasado y te perdone todo, pero es un hecho que ella siempre valorará tu enableza, tu integridad, tu autoestima... Y no puedes darte el lujo de perder eso sólo porque es muy agradable eyacular...

El deseo de inconformarme se había reducido a nada. Me hallaba con la cabeza sumida en el pecho. Unas ardientes tenazas me apretaban el cuello y gotas de remordimiento luchaban por salir de mis lagrimales.

—Casi ningún joven entiende ese tipo de conceptos —susurré aniquilado.

—No son "conceptos", Efrén, son "valores". Lo que mantiene en pie a la sociedad, permite la unión de las familias, le da sentido a la amistad y al amor. Los valores no tienen que entenderse; simplemente se acogen en el corazón y se viven.

Me llevé ambas manos a la cara y froté mis mejillas con fuerza. No podía detener las imágenes mentales de mis anteriores yerros. ¡Cómo había desperdiciado el tiempo!, ¡de qué manera le había fallado a mi madre!, ¡cuánto daño había hecho a las jovencitas que se enamoraron de mí..!

—Vamos a casarnos, Efrén. Te lo suplico.

—Sí Jessica. Pero todavía no. Hay que hacer las cosas bien.

—¡Estoy embarazada! ¿No te das cuenta?

—Pues aborta. Lo que tienes adentro es un simple quiste. Sácalo antes de que sea demasiado tarde.

—¡Es un hijo nuestro!

—Te equivocas. Es sólo una mórula. Ni siquiera tiene alma.

—¿Cómo puedes estar tan seguro..?

Recordé el llanto dolorido de mi novia, tirada en el suelo como un guiñapo, abrazándome las piernas...

Apreté los párpados tratando de controlar esa congoja. Era demasiado peso atado a mi espalda, demasiado arrepentimiento en mi conciencia.

El doctor caminó hacia mí y me puso una mano sobre el hombro en señal de aliento.

Debajo de esa mano de apoyo me vi como un niño desamparado y sentí que mi ser entero se partía de un tajo, pero inhalé muy hondo y no permití que se me escapara ni una sola lágrima.

7

El papel de los padres

Salí del consultorio como una araña recién fumigada que escapa a rastras de su madriguera. Eran ya las tres de la tarde. Dhamar me alargó el recibo de honorarios sin decir palabra; hice el pago, me dio las gracias y se despidió con una sonrisa de cortesía. Atravesé el dintel y me detuve en la calle viendo pasar coches, inmóvil como un vagabundo que no sabe, ni quiere saber, el rumbo que ha de tomar. A los pocos minutos salió Dhamar, pasó junto a mí. Sin darme tiempo a pensarlo, la seguí. Necesitaba hablarle, pero mi especial estado de ánimo me impedía desenvolverme como otras veces. Se detuvo en una esquina en espera del cambio de luz del semáforo.

—Dhamar —proferí—; disculpa tantas molestias, pero ¿me podrías recomendar un sitio cercano para comer?

La muchacha se volvió con naturalidad.

—Claro. En esta zona hay varios restaurantes buenos. Depende de lo que apetezcas.

—¿Por qué no lo escoges tú —la interrumpí—, y me permites invitarte?

Negó con la cabeza.

—Lo siento. Tal vez otro día.

—Por favor —imploré—, necesito mucho desahogarme con alguien.

Hizo un gesto de extrañeza y me observó desconfiada.

—Lo siento...

Al cambio del semáforo echó a caminar. Dudé un segundo, pero sólo un segundo. Caminé tras ella.

—No me lo tomes a mal —insistí—. Me gustaría intercambiar ideas con una muchacha joven como tú... Si me atreviera a preguntar a un conocido sus opiniones respecto a mis problemas, seguramente no sería objetivo. Contigo es diferente porque no te conozco. Ignoro si eres casada, viuda o comprometida.

Lo único que sé es que me inspiras confianza y que estás aquí justo ahora, cuando estoy pasando por esta crisis.

Llegando a la otra acera se detuvo. Su mirada se suavizó al detectar un viso de honesta tribulación en mi rostro.

—¿Te gusta la comida china? —preguntó.

Sonreí y me encogí de hombros.

—Lo que tú quieras está bien.

—¿Visitan muchos pacientes solteros al médico? —pregunté en cuanto nos sentamos.

—Rara vez.

—¿Y sabes cuál es la razón por la que vine yo?

—No... Y no tienes que decírmela.

—Pero quiero hacerlo.

En verdad era una situación extraña. Ambos lo sabíamos, y eso le daba al momento un toque mágico.

—Muy bien... ¿Te llamas Efrén, verdad? ¿Por qué viniste a ver a un terapeuta sexual?

La muchacha no se andaba con rodeos.

—Pues porque... —me detuve como el niño que se halla frente a la vitrina abierta después de implorar un dulce, dándose cuenta que en realidad no se le antoja ninguno—. Me he percatado que mis ideas respecto al sexo prematrimonial son equivocadas y me causan daño. Por lo que... bueno, no me mires así, no soy un pervertido. La mayoría de los jóvenes pensamos lo mismo y te aseguro que hay muy pocos deseosos de cambiar como yo. Por eso vine.

Dhamar asintió, tratando de leer entre líneas la verdadera razón de mi discurso. Ni yo mismo la sabía.

El mesero, mitad oriental mitad latino, se acercó para mostrarnos la carta. Después de echar un vistazo al ininteligible menú, opté por ordenar un platillo convencional. Ella, en cambio, pidió otro que sólo pronunciarlo resultaba una proeza.

—Llevo tres años trabajando para el doctor Asaf —comentó—, y me he dado cuenta que siempre investiga los antecedentes familiares de sus pacientes. Dice que los arquetipos sexuales son algo que se aprende desde la más tierna edad.

—Pues a mí no me preguntó nada de eso. Se limitó a darme una cátedra tamaño regio.

Sonriendo acomodó su servilleta de tela sobre las piernas y, mientras lo hacía, preguntó en tono casual:

—¿De veras hizo eso?

—Sí.

—Pues tal vez tú mismo puedas hallar algo útil si analizas las influencias que tuviste en la niñez y en la adolescencia.

Era un buen comienzo para entablar comunicación. Acepté el juego.

—No recuerdo haber recibido ninguna enseñanza sexual —confesé—. Sé que mi padre fue un gran hombre, pero no lo conocí. Mamá cometió un error, del que se arrepintió toda la vida: se volvió a casar con otro sujeto que, aunque al principio parecía muy cortés, resultó alcohólico. El tipo nos hizo la vida de cuadritos. Un día incurrió en un delito terrible... y lo metieron a la cárcel.

—¿Tienes hermanos?

¡Maldición! Ese era el único tema que me disgustaba tocar.

—No —mentí y continué para evitar que indagara más—. Mi madre siempre trabajó en grandes empresas y llegó a ser secretaria de una dirección general. Sus ocupaciones eran tan absorbentes que convivíamos poco. Se iba muy temprano y en la noche, cuando volvía, apenas tenía ánimo para intercambiar algunas palabras antes de quedarse dormida. A ella nunca le gustó hablar de sexo. Y yo jamás le pregunté. En la adolescencia, mi única fuente de información fueron amigos, peor informados que yo, y profesores de biología que promueven, como lo hacen muchos, la práctica del sexo entre sus alumnos.

—Qué extraño —objetó—, yo no recuerdo a ningún maestro recomendándonos practicar el sexo.

—Lo hacen de forma indirecta —expuse con mayor desenvoltura—. En las escuelas ordinarias comienzan enseñando el funcionamiento hormonal, luego detallan los pormenores anatómicos del coito, el proceso de embarazo y culminan con las deducciones sobre planificación familiar y uso de anticonceptivos. La información sexual que se imparte en los colegios suele estar exenta de datos respecto a la problemática que causa el sexo prematuro. En las aulas se enseña *cómo* tener relaciones sexuales en vez de cómo *no* tenerlas. Los jóvenes de hoy somos muy curiosos. Recuerdo que mis amigos y yo teníamos toda la teoría, sólo faltaba ponerla en práctica y uno por uno lo fuimos haciendo.

Dhamar se había quedado muy quieta, escuchándome.

—Tienes razón —coincidió—. No lo había pensado. Pero lo que acabas de decirme refuerza la idea de que en el hogar debe suplirse la carencia de información que tienen los muchachos respecto al ejercicio digno y honrado de la sexualidad.

Esa conversación me estaba resultando casi tan provechosa como la que tuve con el doctor, a diferencia de que no me causaba tanta aprensión. Sin embargo, comencé a sentir cierta tristeza al comprobar que mi madre tenía algo de culpa en lo que me pasaba.

—En mi hogar nunca ocurrió eso —comenté—. Es posible que los pocos consejos de mamá, me hayan orillado aún más a la sensualidad. Ella siempre me dijo, desde mi infancia, que debía madurar, dejar de ser niño y comportarme como el hombre que ya era. Crecer se volvió una de mis principales metas. De alguna forma detestaba ser adolescente. En la sociedad, el concepto de adultez está estrechamente relacionado con el sexo. Todas las personas mayores se acuestan con sus parejas. La principal sensación que recuerdo de mi primera relación sexual era la de que al fin era "un hombre". Los padres nunca se dan cuenta de la forma en que perjudican a sus hijos con esa urgencia de verlos crecer rápido. Hay etapas muy hermosas que los jóvenes dejamos atrás sin haberlas disfrutado plenamente, por culpa de nuestros padres.

El mesero llegó y colocó los platos.

—¿Se les ofrece algo más?

—De momento, no.

—Yo acostumbro dar gracias antes de comer —dijo Dhamar—. ¿Te molesta?

—Por supuesto que no.

Ignoraba si iba a proceder a hacer alguna ceremonia ritual extraña, pero simplemente inclinó su rostro y cerró los ojos unos segundos.

"Bueno", me dije, "algún defecto tenía que tener".

—Hay algo muy importante, Efrén —comentó después, al tomar una fritura de harina y comenzar a juguetear con la mostaza—. Se lo he escuchado decir al doctor Asaf varias veces: Las ideas sobre cómo relacionarse con el sexo opuesto, se forman en la familia y se aprenden más por la contemplación de las obras paternas que por los consejos. Cuando alguien en su niñez presencia un buen modelo de amor conyugal, adquiere una gran confianza en la unión de la pareja y aprende a valorar el sexo como un acto trascendente. En cambio, si un niño observa discusiones o rompimientos maritales, crece con la idea de que casarse sería un gravísimo error, menosprecia las relaciones íntimas y satisface su necesidad de amor con aventuras superficiales.

No sé qué sentimientos privaban en mí al escuchar esas palabras. ¿Frustración?, ¿pena?, ¿amargura? Tal vez los tres. Era curiosa la forma en que me enteraba del origen de tanto desenfreno. En lo más íntimo de mi ser yo no confiaba en el matrimonio, había padecido mucho viendo sufrir a mi madre temerosa de que su exmarido la encontrara y lo menos que deseaba era enzarzarme para siempre con alguien.

—Yo no tuve un buen modelo de amor conyugal —confesé y mi voz sonó un poco trémula; Dhamar detuvo el movimiento de sus cubiertos para mirarme—. Mi padrastro era alcohólico —repetí—, a veces golpeaba a mamá y... —lo que estaba a punto de decir era algo que nunca le había confesado a nadie—, mi hermana mayor, Marietta, falleció accidentalmente al irse de la casa huyendo de él...

Todo el rostro de Dhamar era un signo de interrogación. A cualquiera hubiera halagado ser escuchado de esa forma. A mí me aniquiló.

—Yo tenía escasos seis años —continué—, pero me acuerdo muy bien de cómo mi padrastro, Luis, rompía los muebles, lanzaba maldiciones y pateaba la puerta de la habitación donde nos escondíamos. Mamá nos abrazaba con fuerza y susurraba incoherencias. Creo que a Marietta y a mí nos asustaba más verla a ella convertida en una niña indefensa, que saber a nuestro padrastro enloquecido, queriendo matarnos —me aclaré la garganta para evitar que se me quebrara la voz—. Jamás volvimos a ver a mi hermana después de que se fue... ¿Adónde pudo haber ido una niña de once años? Aparentemente se la tragó la tierra. Algunos años después, supimos que había muerto...

Dhamar bajó los ojos apenada por cuanto acababa de escuchar. Trató de decir algo, pero se interrumpió. No tenía caso tratar de atenuar el dolor de algo que apenas era posible expresar.

—Las actitudes de los padres tienen mucho que ver en la felicidad posterior de sus hijos —agregué.

—Mi caso es diferente —comentó como queriendo corresponder a mi espontánea sinceridad con la apertura total de sus confidencias—. Papá es muy estricto. Hasta la fecha suele advertirme, con amenazas y regaños, que tenga mucho cuidado de dar un mal paso. Es cruel en sus advertencias, a veces me insinúa que soy una perdida. Cuando llego tarde a la casa me pregunta con quién he estado y qué he hecho con él. Si le rebato implorándole que tenga confianza en mí, hace grandes aspavientos poniendo en tela de juicio mis palabras. Te confieso que, para darle una lección, más de una vez he estado dispuesta a acostarme con el primero que me lo proponga, pero la presencia de mi mamá me lo ha impedido. Si yo desafiara a mi padre ella estaría en medio de la tragedia. Mamá es una mujer dulce y tierna, ha sabido darme confianza. Sin suficiente autoestima, los chicos se arrojan a la marea sexual creyendo que en ella hallarán la seguridad que les falta.

Por mi mente cruzaba una frase contundente: Los padres no se dan cuenta de la enorme necesidad de amor que tienen sus hijos adolescentes.

Tratando de controlar el exceso de emotividad que me sobrecogía, tomé una servilleta de papel y comencé a doblarla. Luego, imitando el volumen bajo y el tono íntimo de Dhamar, confesé:

—Un muchacho es capaz de hacer casi cualquier cosa con tal de sentirse querido y aceptado. Cuando mi hermana huyó, mamá y yo nos mudamos a un poblado rural con la esperanza de no volver a ver jamás a su esposo. Desde muy pequeño me quedé solo. Mamá duplicó su horario de trabajo para tener mayores ingresos y en cuanto crecí un poco, busqué la seguridad de un amor sincero en el cuerpo de mi primera novia. Quizá si hubiera tenido un hogar distinto, con aceptación y cariño, yo no hubiera necesitado tanto el calor femenino a esa edad.

Como ambos permanecíamos con nuestros platos intactos, el mesero se acercó para preguntar si nos había desagradado algo. Le dijimos que no, e intentamos comer, pero ni ella ni yo teníamos hambre ya.

—¿Sabes? —agregué después—. Supongo que la revolución sexual es un ídolo de barro, una falsa bandera. Los jóvenes buscamos en ella libertad, autoestima y autonomía. Pero el sexo no brinda nada de eso. A mí me consta.

Dhamar pidió su platillo para llevar. La imité. Nos pusimos de pie. Extraje de mi cartera la tarjeta de crédito que mamá me había obsequiado, y pagué.

—Gracias por haber aceptado mi invitación.

—La agradecida soy yo —contestó—. No es usual que alguien comparta sentimientos tan íntimos con una persona de la que ni siquiera sabe si es casada, viuda o comprometida.

Reímos.

—No eres nada de eso, ¿verdad?

Movió la cabeza sin dejar de sonreír.

—¿Me hablarás por teléfono?

—Por supuesto...

Aquella noche dormí con el pensamiento puesto en ella. Lo más curioso era que su imagen estaba exenta de atributos sexuales. Me había acostumbrado a clasificar a mis amigas por el potencial que tenían de acostarse conmigo y, sobre todo, por el tamaño de sus senos y caderas. Pero de Dhamar no recordaba otra cosa que sus ojos profundos y su delicada voz. Quedaba fuera de mi cuadro taxonómico y eso me enloquecía.

A la mañana siguiente salí en busca de trabajo. Repartí más de doce solicitudes movido por una energía inmensurable. Seguí haciendo lo mismo día tras día, entusiasmado con la idea de emprender un verdadero cambio en mi modo de vivir. Me comuniqué con Dhamar varias veces y sus palabras de aliento se convirtieron en el combustible que me movía a crecer. Cuando, quince días después, fui aceptado en un banco como cajero, había tocado ya más de treinta puertas distintas.

La primera llamada telefónica que efectué desde el edificio de capacitación de mi nuevo empleo fue a la oficina del doctor Asaf. Le dije a Dhamar que me urgía verla cuanto antes, argumentando, sin ser cierto, que le había escrito una carta muy importante. Se mostró entusiasmada. La invité a cenar y acepté, advirtiéndome que esta vez no se me ocurriera llevarla a un restaurante chino.

Tan pronto como llegué a casa después de mi primer día de trabajo, lleno de alegría subí a saludar a mamá, pero la encontré dormida, con un libro en la mano. Se lo retiré con suavidad y la besé en la frente; apenas se movió, como agradeciendo entre sueños el gesto. Tomé unas hojas de su escritorio y me dirigí a la mesa del comedor para escribir a Dhamar la carta prometida.

En la casa privaba un silencio total.

Puse una hoja en blanco frente a mí y comencé a juguetear con la pluma. Me resultaba arduo deshilar la madeja de ideas nuevas, desenmarañar los sentimientos del corazón; era increíble que, con mi experiencia en seducir mujeres, tuviera tan enorme dificultad en redactar algo para la primera que quería bien.

El timbre de la calle sonó. ¿Quién podría ser?

Caminé a la puerta, pero antes de abrir, un extraño presentimiento me detuvo.

Subí a grandes saltos hasta el primer piso para espiar por la ventana que daba a la calle.

Una daga helada de marfil me atravesó la cabeza.

¡Era Joana y venía acompañada de sus padres!

Me oculté detrás de la cortina. Volvieron a llamar. Desesperado cerré los puños buscando una solución.

"¡La señora Adela!", grité para mí.

Corrí al cuarto de servicio y toqué vigorosamente.

La mujer de servicio salió envuelta en una horrible bata a rayas.

—Adelita, por favor ayúdeme. Allá afuera hay unas personas. Salga a ver qué quieren y dígales que no hay nadie en la casa.

El timbre volvió a sonar.

—¡Apúrese, antes de que despierten a mamá!

Adela salió. Espié la breve conversación.

¿Qué significaba eso, Dios mío..?

Al cabo de unos minutos la señora Adela entró a la casa. La interrogué con avidez:

—¿Qué pasó? ¿Dejaron algún recado?

—Dijeron que vendrían más tarde, o mañana.

—¿Nada más?

—Que tenían urgencia de hablar con su mamá y con usted...

Me sostuve la cabeza como si estuviese a punto de caérseme. ¿Era posible..? ¿Hice el amor con una mujer que ahora intentaba hacérmelo pagar caro..? Con toda seguridad había quedado embarazada de mí... o tal vez no de mí. ¿Era Joana a tal grado estúpida o audaz..?

—Gracias, Adela. Puede subir a dormir.

—Hasta mañana, joven.

Volví a la mesa del comedor hecho una masa de preocupación, soledad, miedo, tristeza...

Tardé mucho antes de poder iniciar la carta a Dhamar.

Lo que redacté esa noche fue arrancado de lo más hondo de mi ser. Manché el papel con las lágrimas que rodaron por mis mejillas apenas comencé a escribir y con el sudor de mis dedos que empapó la pluma en cuanto la empuñé. Fue como meter la mano a la bóveda donde se guarda la esencia del sentimiento para limpiar de sus paredes las pústulas adheridas. Cuando terminé de escribir me quedé contemplando la carta como si supiera que estaba frente al parte aguas de mi vida.

8

Enamorarse

Escogí un lugar alejado de las ruidosas avenidas, con luz tenue, música viva y abundante ornamentación vegetal. Cuando la pianista descansaba, el sonido del agua al caer y la brisa de la fuente multicolor del restaurante, nos hacían respirar cierto vapor agreste.

La cena fue buena pero ligeramente escasa.

Al terminar de comer, Dhamar alzó su copa y la tocó con la mía:

—Salud, por tu nuevo trabajo y por el gusto de estar juntos esta noche.

Respondí al brindis en silencio, mirándola. Su boca pequeña, sus dientes perfectos, sus agudas pupilas, toda ella me hacía sentir atracción y mesura a la vez. ¡Qué enloquecedor efecto y qué indómito e incongruente estado de ánimo me embargaban! Tragué saliva y apartando por un momento la vista, extraje de mi saco la hoja doblada.

—Es la carta que te escribí.

Su talante se iluminó con una sonrisa.

—Creí que no pensabas dármela... ¿Puedo leerla?

—¿Ahora?

—¿Por qué no?

—En ese caso, me gustaría leértela yo...

—Claro.

Me la devolvió y puso sus codos sobre la mesa en un gesto de infantil impaciencia.

Comencé la lectura con voz temblorosa y ella me escuchó con atención. Poco a poco, mi turbación se fue tornando en emotividad. Era una carta muy importante y ambos lo sabíamos. Tal vez por eso, muchos años después, cuando las circunstancias así lo permitieron, me atreví a pedirle que me la devolviera.

Aún la conservo como uno de los más valiosos testimonios de mi transformación.

Dhamar:

Un profundo sentimiento de amargura y desamparo se ha apoderado de mí esta noche.

Me gustaría que pudieras entrar en mi cabeza para comprender mejor esa revolución indómita, imposible de plasmar en una hoja de papel...

No me atrevo a decir que te amo. Tal vez lo justo sería decir que necesito amarte. Lo necesito desesperadamente.

El amor debe ser algo muy serio y yo siempre jugué al enamorado. Hacer eso corrompe el alma y malacostumbra al cuerpo.

Convierte la relación hombre-mujer en algo mecánico, burdo, aprendido, como se aprenden las tablas de multiplicar o memorizan los datos de una clase inútil.

Mis compañeras de cama solían hacer la misma exclamación después de la aventura: "¿Y esto es todo? ¿Por esto tanto alboroto? ¿Por algo tan insulso se polemiza así?"

Decepcionado por el concepto del amor que conocí, me dediqué a explotarlo, buscando más y más placer en él, empinándome en un barril sin fondo, metiendo las manos y la cara en esas aguas por las que navegaba, cegado por su fetidez y turbiedad.

El clímax físico era muy similar a una pequeña muerte, algo poderoso y enajenante pero efímero y corto. Después de experimentarlo, el encanto desaparece y sólo quedan dos cuerpos.

Entonces me di cuenta que mi barco se hundía en un pantano y que yo me hundía con él. Y el doctor Asaf apareció en mi vida. Y apareciste tú... Ahora he llegado a creer que las aguas del verdadero amor deben tener otro color y otro aroma y que mi barco no debe hundirse.

Soy un experto en amores, pero no conozco el amor. Desde hace varios años me he burlado de ese sentimiento "ciego y sin sentido" calificándolo como algo pueril, idealista y bobo que sólo los niños pueden inventar, pero ya no quiero burlarme, ya no puedo hacerlo, ¿me entiendes? Pensando en ti he imaginado lo extraordinario que debe ser dar todo a cambio de nada, desear lo mejor para la persona amada, disfrutar con su alegría y llorar con sus tristezas, permanecer a su lado en la adversidad para darle una frase de consuelo, de ánimo, de apoyo; entregar el alma y el corazón sin condiciones, sin pedir nada a cambio, por el simple gusto de darse, por la simple alegría de amar...

No me juzgues de impulsivo al hallarte con lo único que en realidad intento decirte en esta carta: si alguna vez llego a amar a una mujer de esa forma, me gustaría que fueras tú...

Te siento conmigo, Dhamar, y eso me da fuerzas, pero también me atemoriza. Porque si me equivoco esta vez, creo que nunca más seré capaz de levantarme.

Efrén.

El rostro de Dhamar estaba abstraído. Me observaba con la boca entreabierta... Después de unos segundos agachó la cabeza sin saber qué decir. Era la primera carta emotiva que yo escribía en mi vida y, tal vez, la más sincera que ella recibía.

—Cuando te conocí, me diste una impresión distinta. No creí que fueras tan sensible.

Su mano estaba sobre la mesa. Me imaginé tomándola para acariciarla, pero permanecí quieto. Era curioso que una simple mano me pareciera tan inalcanzable cuando en decenas de ocasiones toqué fácilmente partes mucho más íntimas del cuerpo de otras chicas.

—¿Cuántas novias has tenido? —preguntó.

Me encogí de hombros con una sonrisa triste.

—Jamás le he pedido a una chica que sea mi novia, pero son bastantes con las que he tenido romances...

—¿Así nada más?

Asentí.

—Sí... El noviazgo está pasando de moda. ¿Lo has notado? Ahora cuando dos jóvenes se gustan, simplemente salen juntos, se besan y se demuestran su amor sin declaraciones o formulismos.

—¿No te parece que estás generalizando?

Era cierto. Seguramente Dhamar no permitiría ser abrazada o besada por un muchacho "sin declaraciones o formulismos". Miré al ventanal y mi vista se quedó fija por un tiempo.

—¿Qué somos nosotros, Efrén? —me preguntó Jessica con lágrimas en los ojos pocos días antes de que supiera que estaba embarazada.

—Somos lo que tú quieras. No nos unen títulos ni etiquetas preconcebidas, nos une la atracción, el cariño, y eso es lo que importa.

—Me tranquilizaría pensar que al menos somos novios.

Piensa lo que quieras, pero a mí ese término me sigue pareciendo cursi y pasado de moda.

Con Dhamar el vocablo adquiría otro matiz, se convertía en un reto, un anhelo, una línea divisoria. Con ella me sentía incapaz de propasarme.

—¿Y tú? —le pregunté— ¿cuántos "novios" has tenido?

—Dos. Con el último duré casi tres años, pero después de leer un artículo que hablaba sobre noviazgo en la revista del doctor Asaf, terminé con él. Lo nuestro estaba muy lejos de ser una relación constructiva.

—¿Cómo dices? ¿El doctor Asaf escribe una revista?

—La dirige y edita. Es muy buena. Se llama *Ideas prácticas sobre sexualidad.*

—¿Qué clase de temas aborda?

—Celibato, unión libre, masturbación, pornografía, infidelidad, matrimonio, orgasmo.

—Vaya —suspiré—. Suena interesante. Me gustaría leerla.

—Te conseguiré algunos ejemplares si quieres. Valen la pena. Además, hay que aprovecharla porque seguramente mi jefe dejará de producirla en cuanto se vaya de la ciudad. Desde hace unos meses está muy misterioso. Nadie sabe a qué se deba su cambio, pero ha comenzado a transferir pacientes, a reducir su número de compromisos y a vender todos sus bienes.

—Qué extraño...

El mesero me hizo llegar la nota de mi tarjeta de crédito autorizada; firmé, corrí la silla de mi invitada y le ayudé a ponerse su abrigo.

Caminamos juntos atravesando el restaurante. Ella se colgó de mi brazo como una dama y eso me hizo sentir un caballero. No era lo usual para mí.

Salimos a la quietud de la noche. El canto de los grillos era lo único que alteraba el silencio nocturno. Mi automóvil estaba estacionado a unos cien metros y para llegar a él había que atravesar un enorme prado alumbrado por faroles de tipo colonial. Dhamar llevaba la vista fija en el césped mientras daba pequeños pasos como si buscara un objeto perdido.

—Me agradas, Efrén.

—Y tú... —pero no pude continuar—. ¿Sabes? Nunca en el futuro volveré a entregarme físicamente sin estar enamorado. Ahora creo que el sexo y el amor son una misma entidad indivisible y que sin uno, el otro no está completo.

—Yo también pensaba así, pero ya no...

¿Había oído bien? ¡El agua está compuesta de oxígeno e hidrógeno y se necesitan ambos para conformar el líquido vital! ¡Ella no podía estar en desacuerdo con algo que me había costado tanto trabajo comprender!

—El sexo es sexo y el amor es amor, Efrén. No hay interrelación entre ellos; son cosas distintas.

—Bueno, sí... pero ninguno de los dos está completo sin el otro, ¿no es así?

Tardó unos segundos en contestarme.

—En la revista del doctor leí que ambos son independientes y poderosos, aunque relativamente inofensivos cuando se presentan solos, pero al combinarse propician una explosión nuclear de magnitudes inverosímiles. Leí que es mucho más peligroso fusionarlos a destiempo que hacer uso, o abuso, de alguno de ellos por separado.

—Pero la energía nuclear sirve lo mismo para destruir que para construir.

—Todo en grado extremo.

—Pues yo no volveré a "usar" el sexo y el amor por separado. Ya me cansé de vivir a medias. Estoy decidido a luchar por conocer algún día esa reacción atómica.

—Ten cuidado.

Caminamos en silencio unos pasos más. Entonces me detuve. ¡En verdad estaba deseoso de iniciar una relación distinta! Mi amiga me miró extrañada parándose a mi lado.

—¿Te ocurre algo?

—Sí... Es muy raro. Necesito que me ayudes...

—¿De qué se trata?

—Ignoro cómo debo comportarme... Nunca antes había estado enamorado.

No desvió la mirada. Al contrario, me escrutó como queriendo leer en mis ojos la veracidad de mis palabras.

—Dhamar, quiero que seas mi novia.

—¿No te parece un poco precipitado?

—En lo absoluto. Estoy seguro de lo que siento...

Fue hasta entonces que bajó su rostro titubeante.

—Me gustas, Efrén. Pero no a ese grado. Seamos amigos, démosle tiempo a la relación.

—¿Tiempo?

Yo no sabía de tiempos. De hecho la lentitud era lo primero que solía evitar al seducir. Mi frase favorita era: *Mientras más rápida es la conquista, mejor es el conquistador.* Ahora me daba cuenta de una verdad mayor, fundamental: *El hombre realmente enamorado es capaz de esperar cuanto sea necesario.*

Asentí.

Esa noche, al despedirnos, Dhamar depositó un suave beso en mi mejilla. Correspondí impresionado, sin imaginar la magnitud de la explosión que ese gesto desencadenaría en mi vida.

1

Los errores del noviazgo

Las molestias de mi enfermedad desaparecieron antes de que terminara el tratamiento y no volví a sufrir una recidiva.

—Si tu sistema linfático reacciona bien —me comentó el doctor Asaf por teléfono—, tal vez tengas la suerte de quedar curado.

Por precaución me practiqué nuevos análisis y, sin hacer cita, le llevé los resultados al médico.

No me saludó de mano, cual es propio hacerlo con los pacientes, sino brindándome un abrazo, como sólo se estila entre amigos. El gesto me inspiró la confianza suficiente para comentarle que había iniciado un cambio de actitud respecto al sexo, había conseguido un empleo y me había enamorado de una muchacha a quien respetaba profundamente.

—Ella es... ¿cómo le explicaré? Más elegante que bonita y más inteligente que sumisa.

Se mostró animado, satisfecho, risueño. Hizo bromas respecto a los peligros de que esta vez fueran las chicas quienes se aprovecharan de mí. Terminó informándome que muy pronto se iría de la ciudad y pidiéndome que, aunque ya no requiriera de sus servicios médicos, mantuviera comunicación con él. Al oírlo decir eso comprobé con tristeza que Dhamar me había informado bien respecto a los rumores de su próximo traslado. Le pregunté cómo podía conseguir las revistas que editaba y prometió recopilarme algunos números.

—Puede dárselos a su asistente para que ella me los haga llegar —comenté—. Últimamente nos frecuentamos.

El doctor me miró con suspicacia antes de comentar que Dhamar tenía todos los ejemplares, pues era ella quien capturaba la revista.

Salí de su privado con un enorme sentimiento de confianza, como el que se experimenta al caminar por lugares que empiezan a sentirse propios. Tomé asiento junto a Dhamar.

—¿Cuántos pacientes faltan?

—Uno —contestó—. Terminando éste podemos irnos.

—¿Avisaste que hoy llegarás un poco más tarde?

—Sí. Les dije que me habías invitado a tu casa y mis papás pueden calcular lo que significa atravesar la ciudad de ida y vuelta.

Me quedé pensando. Llevarla a mi domicilio era un gesto de deferencia que no había tenido con ninguna otra muchacha. Por lo mismo, mi madre nunca me había conocido una novia; si todo marchaba como lo había planeado, esa noche le presentaría a la primera.

—¿Por qué no me dijiste que tú capturabas la revista?

Se encogió de hombros.

—Por descuido tal vez. En mi bolsa traigo un ejemplar. ¿Lo quieres ver?

—Claro.

—Es un trabajo diferente —explicó mientras lo extraía—. No contiene artículos de tópicos diversos como las demás. Cada número está titulado con un solo tema y muchos especialistas, encabezados por el doctor Marín, escriben sobre él.

Me dio la revista. Tenía unas sesenta páginas impresas a colores en papel brillante. Me agradó la presentación, pero sentí que mi corazón aumentaba su ritmo al leer el título del ejemplar que tenía en mis manos: NOVIAZGO.

No contesté. Por lo pronto lo único que quería saber respecto al noviazgo era si ella quería tener uno conmigo.

Tal vez mi rostro y actitud lo gritaban sin que yo me diera cuenta y tal vez no era casualidad que ella hubiera traído justo ese ejemplar en su bolsa.

En espera de que terminara la consulta del último paciente para poder retirarnos, comencé a hojear la revista buscando el artículo del doctor Marín. Fue muy fácil. Él escribía la introducción. Decía:

Las estadísticas de divorcios en nuestra época son cada vez más alarmantes. De cada tres matrimonios, fracasan dos. Es un aspecto en el que cada joven "enamorado" debe detenerse a meditar, haciendo a un lado la creencia de saberlo todo y dejando de racionalizar.

Quien no se divorcia pasa, en promedio, el setenta por ciento de su existencia unido a otra persona. Nadie debe correr el riesgo de elegir mal a la pareja con la que ha de vivir durante todo ese tiempo.

Gran cantidad de varones se unen enajenados por esa atracción sexual tan poderosa, sabiendo que en el lecho nupcial ya no tendrán que reprimirse, y muchas mujeres se casan por la seguridad que garantiza ese nuevo estado civil. Pero ambos se equivocan en el frugal intercambio. Al conocer cónyuges dispares, no podemos evitar preguntarnos: ¿cómo fue posible que se unieran de por vida para formar un hogar?

Los esposos argumentan: "Mi marido se ha descompuesto mucho", o "ella ha dejado de ser como era". ¡Craso error! ¡Garrafal mentira! La gente no suele adquirir rasgos negativos o positivos, por el hecho de casarse. El genio y figura no nacen en la boda. La persona ya era así antes. Lo que ocurre es que *no se percataron*. Cientos de parejas frustradas, con lágrimas en los ojos, suelen preguntarse: ¿cómo fue que no nos dimos cuenta a tiempo?, ¿de qué manera nos dejamos engañar?

La respuesta es sencilla, aunque un poco difícil de aceptar: *los matrimonios malos son producto de los malos noviazgos* y, habiendo tantos tratados para ayudar a los esposos en crisis, me sorprende la enorme carencia de información respecto a los valores del noviazgo.

En la juventud se siembra; en la madurez se cosecha. Resulta curioso, pero quienes juegan con los sentimientos fingiendo amor a dos o más personas a la vez, "tocando madera" cada vez que se habla de matrimonio, suelen perder el control tarde o temprano y terminan uniéndose a la persona equivocada. El donjuán decide casarse sólo bajo los efectos de un arranque de apasionamiento o idealización. En cambio, quien ha tratado con *respeto* al amor, logrando relaciones constructivas, tiene más elementos para escoger bien.

En el noviazgo está la clave de la felicidad o la desdicha de casi toda nuestra vida útil. Una visión poco profunda de esta importantísima etapa, podrá cortarle al joven las alas para siempre.

—¿Nos vamos, Efrén?

Me sobresalté.

—Claro —le dije poniéndome de pie.

Salí detrás de Dhamar cediéndole el paso.

En la cajuela del auto traía un enorme ramo de rosas rojas para ella, pero no tuve el tono anímico para dárselas en ese momento. Tampoco pude, durante el largo camino hacia mi casa, hablarle de mis sentimientos, como lo había planeado. Antes de insistirle que fuera mi novia debía leer el resto de la revista, no tanto por querer aprender, sino porque era seguro que ella conocía los pormenores de esa filosofía.

—¿Sabes? —Lo intenté como un comentario casual mientras manejaba—: Yo quiero que tú seas mi novia —y al decirlo me di cuenta de que ya no era tan difícil—, pero me gustaría saber lo que dice la revista antes de insistir, porque me siento con cierta desventaja intelectual en el asunto.

—¿Hasta dónde leíste?

—Sólo la introducción.

Tomó la revista y comenzó a hojearla.

—¿Por qué no me lees algo? —le pedí—. Aquello que te hizo terminar con tu segundo novio, por ejemplo.

—No fue ningún artículo en especial —comentó—, sino todo el conjunto. Pero... a ver. Voy a buscar. Te advierto que suelo marearme cuando leo en el coche, así que no respondo si tienes que hacer una parada de emergencia.

Reímos. Comenzó:

LOS ERRORES DEL NOVIAZGO
Primer error: idealización

Pocos fenómenos son tan usuales en la juventud como los *espejismos del amor*. Muchas personas se casan creyendo que están enamoradas, como los peregrinos del desierto llegan a creer que a unos metros hay un oasis. Idealizar es el equivalente a ver espejismos: Perdemos los estribos por alguien que ni siquiera conocemos bien, lo miramos acercarse y sentimos cómo nos flaquean las piernas y nos palpita el corazón. Vemos al príncipe o a la princesa de nuestros sueños encarnado en esa persona y le atribuimos cualidades que, por lo común, está muy lejos de tener; quisiéramos que fuera como lo hemos imaginado y nos empeñamos en ello, pero todo es una invención.

Al detectar el error, a veces racionalizamos diciendo que nos encargaremos de hacer cambiar a la persona, pero nadie debe pretender cambiar a su pareja; al empeñarnos en ello sólo conseguiremos hacerla sentir incómoda, insegura y con temor al rechazo; finalmente no sólo **no** la cambiaremos sino que terminaremos haciéndola perder las cualidades que inicialmente nos gustaban de ella.

El amor ideal destruye el corazón, porque no existe.

Sólo se ama cuando se conoce a la persona a nivel profundo. Para ello, es necesario cultivar una amistad real.

El verdadero amor no es ciego; la idealización sí.

Así que debemos tener cuidado si suponemos que mágicamente cupido está tocando las puertas de nuestro corazón. Tal vez se trate de una idealización... Y no hay nada más doloroso que despertar a una realidad terrible cuando es demasiado tarde.

Disminuí la velocidad para entrar a un restaurante de comida rápida con servicio a automóviles en ventanilla. Era parte del plan. Algo informal que nos permitiera aprovechar el tiempo.

Nos detuvimos en el intercomunicador para ordenar: hamburguesas, papas fritas, refrescos de naranja.

—¿Te gustaría comer aquí? —pregunté.

—No. Preferiría que lo hiciéramos en tu casa.

—Muy bien.

A los pocos minutos volvíamos a tomar la vía rápida que, como siempre, permitía una circulación promedio de treinta kilómetros por hora.

—¿Te mareaste?

—No. ¿Quieres que siga leyendo?

—Sí, por favor.

Segundo error: premura pasional

A este yerro juvenil se le deben la mayor parte de los fracasos matrimoniales. Ocurre en los noviazgos superficiales, donde no hay idealización, pero sí una gran urgencia de ser querido y admirado. La relación se da con premura, basada en aspectos aparentes. Nos gustó un cuerpo y emprendemos la conquista de inmediato. Ese tipo de vínculo es agradable por peligroso. Mientras más rápido, más riesgoso.

La mayoría de los anuncios de televisión nos muestran una escena de enamoramiento instantáneo. Este concepto de superficialidad se está convirtiendo en nuestro estilo normal de noviazgo. Algo excitante de momento, pero hueco. A quien disfrute arriesgando su integridad, esta forma de romance le dará lo que busca; pero quien desee una relación constructiva debe evitar las prisas.

Dhamar interrumpió su lectura para echar un vistazo al camino. Los autos comenzaban a avanzar más rápido.

Había entendido que las dos trampas mortales del noviazgo eran la idealización y la premura pasional, ¿pero cómo saber cuándo nos hallábamos frente a alguna de ellas?

Mi compañera reinició la lectura sin que yo se lo pidiera.

Un noviazgo destructivo puede reconocerse porque:

a) Está basado en los atributos físicos. Cuando tu pareja cambia de peinado o usa una ropa desagradable, ¿sientes que la quieres menos?, ¿te entusiasma demasiado lucir ante otros su belleza?, o por el contrario, ¿prefieres evitar reuniones sociales en su compañía para evitarte la vergüenza de ser visto con alguien no muy favorecido? ¿Si tu novio o novia sufriera un accidente que le produjera una irreparable marca, tu amor se terminaría? ¿De qué es de lo que estás enamorado, de la fruta o de la cáscara?

b) Se acompaña de una gran impaciencia sexual. ¿Tienes constantes deseos de besar, abrazar, sentir la cercanía de otro cuerpo cálido? ¿No concibes una entrevista en la que tu pareja y tú sólo platiquen o convivan? ¿La razón principal y única de estar juntos es encenderse con besos y caricias? ¿El noviazgo avanza paso a paso hacia la relación sexual irremediable? Una señal inequívoca de que se trata sólo de un apasionamiento es la urgencia de caminar aprisa en el aspecto erótico.

c) Se presenta con exceso de celos y búsqueda de control. "¿Dónde anduviste ayer?" "¿Por qué no me llamaste por teléfono?" "¿Con quién hablabas en la calle esta mañana?" "¿Por qué no me avisaste que ibas a salir?" Son algunas de las preguntas que hace una persona que se siente dueña de otra. El verdadero amor no requiere ese control, no asfixia, no quita la libertad. Nadie es dueño de su pareja. Ni siquiera los casados.

Si tu noviazgo ha sido rápido, lleno de emociones encontradas, si surgió como una explosión, si está basado sobre todo en el fuego corporal, si te exige una constante confirmación de que eres amado, haz una pausa para reflexionar. Ese tipo de relación es como un narcótico poderoso: te impide una visión objetiva, te hace suponer que has hallado a la persona adecuada cuando sólo tienes frente a ti a un individuo común y corriente con el que te será imposible intimar a largo plazo.

El amor real no lleva prisa y está basado en el conocimiento profundo de la otra persona; en la aceptación total de sus virtudes y defectos.

¿Cuánto conoces a tu enamorado? ¿Sabes cómo reacciona bajo presión? Cuando está furioso, ¿grita, llora, golpea, rompe cosas, azota puertas, se va? ¿Es trabajador? ¿Es tenaz? ¿Organizado? ¿En apariencia su recámara se ve muy bien y debajo de la cama o dentro del armario oculta su verdadero caos? ¿Qué clase de relación tiene con sus padres? ¿Es hogareño, fiel a los suyos o rebelde conflictivo? ¿Sabes que el mal hijo resulta después un mal padre? Los patrones de conducta familiares se repiten.

Tal vez, si conocieras en verdad a tu novio o novia, te darías cuenta que no lo amas, de que no puedes amar a alguien así. Tal vez estás cometiendo el error de la idealización o de la premura pasional. Detente a pensar y analiza tu vida ¡ahora!

Después de la lectura anterior, hicimos silencio y no cruzamos palabra durante el resto del trayecto. Llegamos a mi casa. Estacioné el coche y comencé a reír.

—¿Qué te causa tanta gracia?

Moví la cabeza. Era como una terrible inconformidad. La revista resultaba interesante, pero ¿por qué tuvo que interponerse con todas sus consideraciones analíticas justo en esa tarde?

Seguí riendo.

—¿Me cuentas el chiste? —insistió Dhamar.

—Es que... —me controlé—. No es nada...

¿Cómo decirle que hoy había pensado consumar mi declaración amorosa a como diera lugar, que era incapaz de clasificar el amor que sentía por ella, pero que mi vida había cambiado desde el momento que la conocí y que eso bastaba para mí?

—Discúlpame —titubeé—. Es sólo que me he dado cuenta, un poco a destiempo, que detesto las revistas.

—Tú me pediste que leyera.

Decidí no dejar el ramo de rosas en la cajuela. Saldría por ellas y, al dárselas, para quitarle seriedad a lo leído le diría: "Te las doy como una muestra definitiva de premura pasional".

—Espérame un momento.

Salí del auto con enérgica decisión.

Estaba a punto de abrir la cajuela cuando escuché que alguien salía de mi casa. Era la señora Adela. Parecía nerviosa.

—Joven Efrén —habló muy bajo en cuanto estuvo cerca—, se acaban de ir hace cinco minutos los señores que vinieron el otro día con aquella muchacha, ¿se acuerda? Ahora la joven no los acompañaba.

Pero los adultos hablaron un buen rato con su mamá. Si puede, mejor no entre ahorita. La señora parece muy enojada.

—¡Joana y sus..! ¿Padres? —susurré—. No puede ser...

Me quedé paralizado, sin fuerzas.

2

La trampa del sexo prematrimonial

Abrí la cajuela y miré las flores rojas bañadas en pequeñas perlas líquidas. Todo el compartimiento olía a su seductora fragancia. Adela se alejó de vuelta a la casa. Percibí cómo mi boca se secaba.

Apenas recuerdo haber vuelto a cerrar la cajuela dejando el ramo de rosas en su lugar. Caminé muy despacio hasta la puerta de Dhamar y le abrí. Levantó la cabeza para mirarme y creí escuchar su voz entre nubes:

—¿Qué te pasa, Efrén? ¡Parece que hubieras visto un fantasma! —Salió del auto dándome la mano pero sin quitarme la vista de la cara—. ¿Pasa algo malo?

Sacudí la cabeza y me esforcé por sonreír. Habíamos hecho un viaje demasiado largo para cambiar el itinerario a esas alturas.

La tomé del brazo y anduve más por inercia que por voluntad. Entré a la casa con evidente sigilo.

—¿Está enferma tu mamá? —preguntó Dhamar.

—No. Pero tal vez esté dormida —mentí.

La sala lucía pulcra. Mi amiga se sorprendió.

—Qué hermoso diván y que tapiz tan elegante. Han decorado con muy buen gusto.

—Gracias. De unos meses para acá a mamá le ha ido muy bien.

Caminé por delante para mostrarle la extraña colección de pinturas al carbón que mi madre había adquirido en forma reciente.

—Son muy hermosas —comentó.

—Te enseñaré el estudio. Tenemos muchas películas de ciencia ficción y un equipo de cómputo nuevo.

Justo al doblar el recodo de la escalera nos encontramos de frente con mi madre que venía bajando.

—Te... te presento a Dhamar —dije con inquietud—, es la gran amiga de la que tanto te he hablado.

Ambas se dieron la mano sonrientes.

—¿Ya comieron?

—No —contesté—, compramos hamburguesas. Pensábamos calentarlas en el horno de microondas. También trajimos para ti.

Mamá asintió sin apartar la vista de mi invitada. Detecté algo negativo en su mirada, pero no enojo, más bien preocupación...

—¿Adónde iban?

—¡Ah! —me sobresalté—, quería mostrarle mi habitación y el estudio...

—Pues pasen. Yo iré a la cocina a servir los platos.

—Gracias señora.

Subimos. Pero no pude concentrarme en lo que le mostré a mi amiga. La idea de compartir la mesa con esas dos mujeres me había quitado por completo el apetito. Con seguridad mi madre me recriminaría con los ojos lo que las visitas recientes vinieron a recriminarle a ella y Dhamar adivinaría el reclamo visual. Tanto una como la otra eran agudas para la comunicación tácita.

—La revista del doctor Marín es un trabajo increíble, ¿verdad? —Comenté para hacer tiempo—. ¿Me prestarás el ejemplar que venías leyendo?

Claro. Te recomiendo que leas el artículo "Los tres pilares del amor". Vale la pena no sólo leerlo sino estudiarlo. Es algo básico que deberían tomar en cuenta todas las parejas antes de comprometerse.

Asentí.

—Yo no pienso casarme muy pronto —declaré.

—De cualquier forma te va a interesar. Estoy convencida de que si los jóvenes conocieran esos tres puntos, aunque no tengan intenciones de contraer matrimonio, sus relaciones amorosas serían mucho más exitosas.

Al columbrar los alcances de la recomendación anterior, decidí poner a prueba los conceptos de mi amiga.

—¿Y tú qué piensas del sexo prematrimonial? Sé que cuando hay convicciones religiosas se tienen a la vez ciertas normas al respecto que yo llamaría prejuicios. Pero, ¿no consideras que Dios mismo autorizaría, en algunos casos, tener relaciones íntimas durante el noviazgo?

Dhamar tomó asiento en el sillón del estudio y meditó unos segundos su respuesta antes de dármela.

—La gente, por defender sus ideas y conveniencias, puede llegar al grado de asegurar que Dios mismo las apoya. Pero aunque la corriente sexual es muy tentadora a esta edad y todos los jóvenes quisiéramos absoluta libertad al respecto, te voy a decir algo que, sin importar que lo consideres un prejuicio, para mí es definitivo: fuera del matrimonio no existe ninguna relación sexual bendecida.

Noté que mis latidos cardiacos aumentaban. Estaba en absoluto desacuerdo. Se apoderó de mí la incómoda ansiedad de los estudiantes que quieren levantar la mano para exponer sus ideas frente al grupo. El doctor Asaf me había dado una fórmula con la que me identificaba a tal grado que me sentía dispuesto a defenderla a cualquier precio.

—Tu jefe y yo tuvimos una larga plática a ese respecto y fue él quien me dijo que cuando existieran tres requisitos fundamentales, el sexo prematrimonial estaba bien.

—¿El doctor Marín dijo eso? —preguntó asombrada—. No lo creo.

—Pues ve creyéndolo.

Me estudió con desconfianza. Ella fundamentaba gran parte de sus ideas en las de su jefe y maestro. De modo que, o yo le estaba mintiendo, o el doctor se había contradicho.

—¿Y cuáles son esos tres requisitos?

—Primero, hacerlo verdaderamente enamorado: El amor dará a la experiencia su dimensión adecuada, además, les permitirá tomar la decisión justa si existe alguna complicación. Segundo, hacerlo en buenas circunstancias: relajadamente, en un lugar cómodo, que no ofrezca el peligro de convertir la experiencia en una aventura traumática. Y tercero, hacerlo sin remordimientos: viviendo con intensidad el momento presente, entregado a la magia de la totalidad del amor.

Dejé que mis palabras flotaran en el aire. Dhamar ladeó la cabeza, razonando con cuidado uno a uno los conceptos. Me sentí satisfecho. No iba a poder refutarme esta vez. Se echó a reír. Mi asombro fue superlativo. Mirándome con ternura suspiró:

—Por un momento me hiciste dudar. ¡Esa fórmula es una trampa, Efrén! ¿No te das cuenta de que seguir al pie de la letra los tres puntos anteriores te llevará casi siempre al matrimonio? A menos que surjan serios obstáculos fuera de tu control, de una mujer con la que has vivido algo así no podrás separarte... Se convertirá en alguien más que importante para ti, en una compañera imprescindible... San Pablo dice que el estado más perfecto para que ciertos hombres desarrollen todas sus potencialidades intelectuales y espirituales es el celibato, pero también dice que para otros (para la mayoría diría yo) es mejor casarse. Casado, el incontinente sexual hallará paz para su cuerpo y sosiego para su mente. El matrimonio permite una madurez y estabilidad inalcanzables en la soltería, pero ¿cómo hacerle comprender a un joven amante de la lascivia que debe casarse para su propio bien y desarrollo? Muy sencillo: "Ten relaciones sexuales cuidándote de cumplir con esos tres requisitos y Dios mismo bendecirá tu unión, pues habrás tomado el camino para algo definitivo".

Qué profunda desazón, qué intensa amargura me produjeron las palabras de Dhamar. Y no tanto por haberme hecho asimilar las intenciones escondidas de esa receta mágica, cuanto por haberme tildado de lascivo e incontinente sexual.

—Pues entonces —respondí irritado, sin medir mis palabras—, tendré precaución en no cumplir con esos puntos porque a mí no me casa nadie.

Dhamar se encogió de hombros. Me arrepentí de lo dicho y quise desdecirme para componer lo descompuesto.

—A no ser que sea con alguien como tú...

Mi amiga no dio señales de haber escuchado el último comentario. La voz de mi madre se escuchó llamándonos a la mesa. La comida estaba servida.

Bajamos las escaleras con lentitud.

No hallamos las hamburguesas en los platos, como esperábamos. Mamá había preparado un delicioso estofado.

—Dhamar acostumbra dar gracias antes de comer —comenté sabiendo que eso le agradaría a mi madre y, dirigiéndome a mi invitada, le pregunté—: ¿Nos harías el favor?

—Claro.

Dijo una oración sencilla pero hermosa. Pidió por nuestro hogar, por mi madre, por la presencia del amor infinito en nuestras vidas.

Después de eso la comida nos supo distinta.

Mamá no habló casi nada.

—¿Asaf es muy espiritual? —le pregunté a Dhamar recordando la cruz que había visto en el despacho del doctor.

—Lo ignoro. Sólo sé que es un hombre enigmático, lleno de sabiduría, solitario, preparado, sensible, importante, pero humilde a la vez...

Aparté la vista. ¿Se burlaba de mí al describir, con ilusión, todo lo que yo *no* era? Moví la cabeza. Tal vez mi inseguridad se estaba volviendo paranoia y comenzaba a suponer agresiones inexistentes.

Después de un rato pregunté:

—¿Y qué hay de cierto en aquello de su próxima huida?

Dhamar sonrió y le explicó a mamá:

—Mi jefe es un médico extraordinario. Todos sus empleados lo queremos y lo admiramos. Guía más con el ejemplo que con palabras. Es un gran líder, un hacedor de ideales, un soñador que no deja de actuar ni un minuto en pos de sus sueños. Dicen que él fundó la clínica, pero yo creo que *él es* la clínica. Cuando no está, su ausencia se detecta en el ambiente. Sin embargo, desde hace unos tres meses ha cambiado mucho. Parece tener dificultades de tipo personal porque está deshaciéndose de todos sus compromisos y ha puesto en venta el consultorio.

—Habrá tenido problemas con algún paciente —supuso mamá.

—Tal vez. Pero nadie sabe mucho de su vida íntima.

—¿Tiene familia? —pregunté.

—Su esposa murió en un accidente automovilístico el año pasado. Yo estuve en el sepelio. Vive solo. Le gusta la meditación. Es estudioso de la ciencia pero también filósofo y místico: un hombre tan fuera de lo común que no me extrañaría que tuviera intenciones de pasar sus últimos años retirado del bullicio de esta ciudad.

Me incomodó la teoría. Todo lo que él hacía estaba en pleno proceso de crecimiento. ¿Cómo iba a dejar inconclusos tantos prometedores proyectos?

Cuando miré a mi madre me di cuenta que su rostro se había apagado. Callada, absorta, atrapada en sus elucubraciones, se veía más vieja de lo que era.

No pude comer más. Me excusé diciendo que mi invitada vivía muy lejos y que teníamos que irnos. No probamos el pastel.

Dhamar, confundida, se despidió de mi madre y salió detrás de mí, enfadada por mi descortesía.

—¿Por qué tienes tanta prisa? —me preguntó apenas subimos al coche.

No contesté. Me limité a conducir por la vía rápida, envuelto en un mar de confusiones.

Después de un rato insistió.

—Efrén, *soy yo*. ¿Podrías tener la gentileza de decirme qué pasó? ¿Por qué nos levantamos de la mesa tan repentina y groseramente? ¿Por qué me involucras en esos arranques sin ponerme al tanto de tus razones?

Entonces me di cuenta de que *era ella,* que estaba ahí a mi lado muy cerca de mí y yo intentaba evadirme de su presencia para no enfrentar la difícil tarea de explicarle mis calaveradas.

La tarde era fría y el tráfico fluía de manera excepcional. No me quedaba mucho tiempo. Llegaríamos a su casa en escasos veinte minutos.

—¿Por qué dijo tu mamá cuando salimos que no te demoraras mucho? ¿Por qué te advirtió que quería hablar contigo cuando regresaras?

Las manos comenzaron a sudarme. Apreté la mandíbula y sentí cómo las emociones contenidas se transformaban en palabras que no querían salir, en lágrimas que no podían fluir.

—Discúlpame, pero tengo un problema muy serio... —las frases quisieron deshilvanarse al pasar por mi garganta. Hice un esfuerzo y continué—: No es un secreto para ti que he tenido relaciones sexuales con algunas chicas.

—Esa fue tu plática de presentación...

Sonreí con tristeza.

Ante las mujeres siempre había aparentado lo que no era. Para lograr que me quisieran había fingido, mentido; pero a ella no podía ocultarle nada. Una voz interior más fuerte que mi propia voluntad me gritaba que debía serle honesto, aunque eso me costara su cariño.

—Hay una joven con quien tuve relaciones —comencé titubeante—, que quiere vengarse de mí... Sus padres estuvieron en la casa antes de que tú y yo llegáramos. Le dijeron *algo* a mi mamá. Por eso desea hablar conmigo en cuanto regrese.

Dhamar me miró con una chispa de inteligencia y preocupación sincera.

—¿La embarazaste?

—No. No lo creo.

Guardó un largo silencio. Parecía como si de repente se sintiera parte de mi pena. Yo necesitaba escuchar una frase de apoyo, un consejo que me diera fuerzas, una palabra que me hiciera saber que a pesar de todo no estaba solo.

—Dios nos ha hecho libres —comenzó con inflexión suave—, para que hagamos cada uno lo que queramos hacer...   —su voz se quebró—. Fuiste libre de irte a la cama con ella, Efrén, pero la libertad está ligada a la responsabilidad. Debes dar la cara a las consecuencias y responder por tus actos... —hizo una larga pausa para controlar el evidente dolor que le causaba mi confidencia y siguió—: Pero, por favor, no te preocupes. *Ocúpate* del problema en su momento.

Creí ver de reojo que una lágrima escapaba de sus ojos y ella la borraba con la muñeca. Continuó:

—Quiero que sepas que pase lo que pase, en mí siempre tendrás el cariño sincero de una verdadera amiga.

Tuve deseos de detener el coche y abrazarla. Lo más que logré, fue cambiar el automóvil al carril de baja velocidad y murmurar:

—Sería capaz de hacer cualquier cosa que tú me pidieras, Dhamar. Reparar mis errores del pasado, aunque eso significara perderte...

Sentí cómo se acercaba y recostaba su cabeza en mi hombro. Mantuve mi mano izquierda en el volante y levanté la derecha para pasarla detrás de su espalda y abrazarla con fuerza.

A los pocos minutos llegamos a su casa. Apagué el motor del auto y estuvimos callados, sin movernos, envueltos en el halo mágico producto de nuestra cercanía.

Ella rozó su mano con la mía. No pude soportarlo. Me volví de frente y comencé a acariciar su cabello, su rostro, su boca.

Levantó la cara para mirarme con gran intimidad. Sus ojos eran un cristal nítido que me permitía ver la belleza de su ser interior.

—Dhamar, te quiero tanto —murmuré.

Entonces nuestras bocas se encontraron en un beso dulce, poderoso, apasionado, con la acompasada cadencia de nuestros labios que se fundían, con la enloquecedora sensación de nuestras lenguas que se reconocían, jugando a quemarse con ese fuego, con el auténtico ardor de nuestros cuerpos que se despertaban, mi mente flotaba en otra dimensión. No la dejé intervenir mientras mi mano acariciaba su espalda, se deslizaba por su nuca, por su cuello, por su brazo, y se detenía enfebrecida en su cintura. Ella tampoco se permitió opinar al abrazarme.

Nos separamos después de un largo rato haciendo gala de una voluntad férrea. Luego la vi esconder su mirada y la escuché sollozar. No dijo nada. Accionó la manija de la puerta y salió del auto para entrar corriendo a su casa.

Un desplante de autorecriminación me hizo poner de inmediato el coche en marcha. Arranqué haciendo rechinar las llantas, mas me detuve en la bocacalle respirando agitadamente. Miré el reloj. Era temprano. No sabía si ir directo a hablar con mi madre para que me pusiera al tanto del problema y poder dar la cara a los padres de Joana, o acudir, sin más preámbulo, a la casa de la muchacha para después poder dar la cara a mi madre...

¿Cómo actuaría un hombre maduro? La respuesta era evidente.

Me dirigí rumbo a la casa de Joana.

Mis manos aún temblaban y el nudo de mi garganta todavía no terminaba de disolverse. Llevaba en mi piel la sensación del amor. No podía permitir que el pasado se interpusiera en mi nueva vida. Debía cerrar ese libro para siempre.

Llegué a mi destino y detuve el automóvil en la acera de enfrente. Me froté las manos, nervioso. Vi el enorme portón de aluminio y por un momento tuve deseos de cambiar la opción. Tal vez hablarle por teléfono... Pero mi madre me estaba esperando... Abrí la portezuela y salí del auto con menos decisión. Me detuve frente a la casa. Un perro enorme comenzó a ladrarme desde dentro. Oprimí el botón del timbre y el sonido metálico se escuchó hasta el exterior. Bien, ya estaba hecho. Me erguí en espera de que alguien abriera pronto, pero no fue así. Volví a llamar. Ahora el perro acompañaba sus ladridos con violentos golpes a la puerta. No había nadie... Estaba oscureciendo...

Me dirigí al automóvil, dispuesto a esperar que alguien llegara.

Encendí la luz interior del auto y busqué la revista del doctor Marín debajo del asiento: Ahí estaba. Comencé a hojearla. Deseaba calmarme, entender lo que estaba pasándome, darme ánimo y valor para enfrentarme, tanto a los reclamos de mis pasados yerros, como a las exigencias de mis nuevos sentimientos.

Amaba a Dhamar y estaba dispuesto a luchar por ella.

Encontré el artículo que me recomendó con tanto interés, "Los tres pilares del amor", y una pregunta aguda comenzó a filtrarse por mi entendimiento: ¿Podría ella amarme *a pesar* de todo?

Comencé a leer.

3

Los tres pilares del amor

Las parejas deben erigir su amor sobre una superficie triangular sostenida por tres patas. Nadie se atrevería a hacerlo sabiendo que una de las patas está rota. También sería ilógico insistir en que se subieran a la plataforma nuestros hijos. La carencia o debilidad de un pilar, hará que la vida amorosa de una pareja se venga abajo tarde o temprano.

Los tres pilares del amor trascendente son:

Primer Pilar: Intimidad Emocional

La intimidad se da sólo mediante *comunicación profunda.* Al compartir sentimientos; al hablar con el corazón; al exteriorizar dudas, temores, ambiciones, sueños, preocupaciones, alegrías, penas; al confesar los yerros; al mostrar a la persona amada el lado oculto (y desconocido por otros) de nuestro ser. La intimidad emocional es confianza absoluta, complicidad, integración, alianza. Cuando existe, se interpreta el lenguaje corporal, se detecta el verdadero estado de ánimo del compañero (desapercibido para los demás) aunque no haya palabras de por medio, y cuando éstas se usan, se hace de una forma única y especial, en un nivel de fraternidad distinto al que se da en la comunicación con el resto de la gente. Las riñas se disuelven cuando aún son incipientes porque, al discutir, se procura no causar daño, no herir. La "verdad" es el común denominador entre dos personas con intimidad emocional. En su trato, la autoestima de ambos se ve favorecida pues saben darse su lugar el uno al otro, saben demostrarse aprecio y confianza sin límites. La comunicación profunda les permite no volver a sentirse solos, le da sentido a su mundo interior, propicia la formación de un universo exclusivo y, por último, cuando se alejan, ambos *piensan y hablan bien de su pareja*. Este punto es un barómetro interesante pues cuando estamos frente a una persona, podemos fingirle cariño, pero una vez lejos de ella, sabemos muy bien cuáles son nuestros verdaderos sentimientos; de modo que si en la soledad juzgas a tu pareja como tonta, inmadura o torpe; si te ríes un poco de su recuerdo y, en ocasiones, hasta compartes esa burla con tus amistades o familiares, no existe en absoluto intimidad emocional.

Millones de matrimonios pasan la vida sin verdadera comunicación profunda, charlando sólo sobre asuntos superficiales: los niños, el trabajo, los problemas de la casa, la economía... Por ocuparse de lo evidente olvidan lo fundamental. Se dice que los hijos unen al matrimonio, pero esto, en muchos casos, es una gran mentira. Los hijos producen distracción y funcionan para los cónyuges como excelente excusa para evadirse: ahora tienen problemas nuevos en qué entretenerse. Por eso, muchos matrimonios se disuelven cuando los hijos crecen y se van. Jamás hubo intimidad emocional. La unión fue vacía, falsa, fingida. Un hermoso teatro que tenía como finalidad hacer creer a los demás que se amaban.

Detuve la lectura impresionado. Dhamar y yo nos sentíamos relajados cuando conversábamos. Eso tal vez era indicio de comunicación profunda, un viso de naciente intimidad emocional.

Al levantar la vista, un detalle proveniente de la casa de Joana me perturbó: alguien había encendido la luz exterior... Consideré que tenía la obligación de bajarme para volver a tocar la puerta, pero opté por postergar el asunto con la excusa de terminar primero la lectura del artículo.

Me hundí en el asiento del automóvil para seguir leyendo.

Segundo Pilar: Afinidad Intelectual

Las personas no estamos conformadas sólo de *emociones*, sino también de *ideas*. Para que alguien se nutra con los pensamientos de otro, se requiere una correspondencia intelectual capaz de permitir puntos de vista complementarios. Las personas pueden tener la capacidad de comunicarse íntimamente, pero si no poseen una estatura racional similar y no se enriquecen durante su convivencia, terminan excluyéndose, el uno al otro, de gran parte de sus actividades. Pocas cosas alimentan más la llama del cariño que aportar ideas valiosas, desapercibidas para el otro.

En la medida en que alguien se ame a sí mismo podrá amar a su pareja, y la autoaceptación es un concepto que se da en la mente. Sólo siendo maduro en el área intelectual es posible aceptar la individualidad e independencia del compañero, evitar los celos, el egoísmo, la posesión. Sólo con el juicio sereno y claro se es capaz de perdonar, ceder, dar otra oportunidad, aceptar errores y estar dispuesto a permitir imperfecciones.

En el cerebro adulto nace el sentido de compañerismo y fidelidad. La moral verdadera no es producto de prejuicios, sino de razonamiento inteligente. El grado de desarrollo espiritual se relaciona con la madurez de las ideas. Todos estos puntos deben tener correspondencia entre las dos personas.

La pareja con afinidad intelectual tiene muchas cosas que compartir; lleva un ritmo de lectura similar, de estudio parecido, de trabajo creativo coincidente, se supera en armonía, crece y se ayuda en forma recíproca.

Los novios que son capaces de estudiar y hacer sus trabajos de verdad, son mucho más fuertes en su relación que los demás.

Escuché el sonido de un claxon que me sobresaltó. Un coche antiguo se había detenido atrás, a tres metros, con las luces encendidas. Pasados varios segundos, la madre de Joana salió de la casa para abrir el garaje. El auto viró enfilándose a la cochera, rozando la salpicadera del mío. Un tipo gordo salió a cerrar el portón. Volví a tomar la revista.

—El primer pilar del amor tiene que ver con la comunicación y el segundo con la similitud de razonamientos —me dije en voz alta para tratar de ignorar el nerviosismo que me causaban las circunstancias—. Sólo me falta leer un punto. Lo haré, y después ya veremos.

Tercer Pilar: Atracción Química

Si dos personas tienen intimidad emocional, son *amigos;* si además se complementan en ideas, son *colegas.* Pero falta un último punto indispensable para anudar el lazo del amor: también deben poder llegar a ser *amantes.* Para lograrlo no es suficiente la atracción física. Podemos reconocer la belleza de una persona sin sentir ninguna atracción hacia ella. Lo que enciende el magnetismo entre dos individuos no es un fenómeno físico sino químico. Sólo se da entre algunos. Tal vez no se trate de gente bonita, pero la química les permite ver más allá de lo visible y arder con la belleza que sólo ellos detectan. Cuando están cerca, ambos perciben las fuerzas magnéticas de los cuerpos que los llevan a besarse y tocarse con espontaneidad y pasión.

La atracción química, como toda energía, es susceptible de transformarse en repulsión. Lo que al principio atrajo a dos cuerpos puede ser cuanto los separe, si las personas no se esfuerzan por mantener su limpieza, olor agradable y buenas vibraciones. Es, por desgracia, lo que ocurre a muchos matrimonios.

Sonreí. Al menos estaba bien seguro de que entre Dhamar y yo existía atracción química. Quedaba un pequeño epílogo en el artículo:

En conclusión: El hombre está conformado de emociones, inteligencia y cuerpo. La pareja debe tener un enlace adecuado en los tres aspectos. Antes de casarse hagan un análisis minucioso de esas conexiones. Si ya son casados, revisen los desperfectos que pueda haber. Al hallar algún problema deténganse y analícenlo juntos. Luchen por solucionarlo; no lo minimicen porque tarde o temprano la plataforma en que están parados se caerá por ese lado.

Ahora, recuerden que la relación se hace *entre dos.* El hombre y la mujer necesitan la cooperación mutua. Una entrega que no es retribuida se convierte en suplicio. Los tres pilares no se analizan solos sino, en conjunto: La intimidad emocional sólo existe al completar el círculo de una comunicación profunda entre *dos* personas; el desarrollo intelectual es un *intercambio* de ideas. La atracción química sólo se da cuando se combinan las vibraciones *de ambos.* Si alguien cree estar enamorado pero mal correspondido, debe despreocuparse y olvidar. No se trata de amor. Sólo es un capricho, un invento que terminará destruyéndolo si se aferra a él...

Levanté la vista y me quedé mirando la casa de Joana por varios minutos. ¡Qué conceptos tan interesantes! Esto representaba una dimensión superior, un páramo fascinante que estaba saliendo a la luz de mis ojos después de un largo camino en tinieblas. Ahora comprendía lo que quiso decirme Dhamar con eso de "te recomiendo el artículo de los tres pilares del amor. Vale la pena no sólo leerlo sino estudiarlo. Es algo que deberían tomar en cuenta todas las parejas antes de comprometerse."

Apagué la luz interior del coche y guardé la revista debajo de mi asiento como si fuese un tesoro. La había leído; después la estudiaría.

Una descarga eléctrica me hizo volver en mí, justo cuando vi llegar el coche de Joaquín con él al volante. En el asiento contiguo venía Joana. ¡De modo que ya no necesitaba que yo la protegiera de su querido!

La pareja se abrazó para despedirse. Pensé que si ya habían satisfecho su libido por ese día, la separación sería rápida. No me equivoqué. Joana bajó de la carcacha y corrió a su casa sin volver la vista. Joaquín se esfumó de inmediato.

Bajé de mi auto y caminé deprisa, con la esperanza de que ella me abriera. No toqué el timbre, golpeé la puerta con una moneda. El perro ladró enloquecido.

—¿Quién es? —preguntó ella desde el interior.

—Efrén Alvear —contesté.

La puerta se abrió un poco y Joana salió cuidándose de no dejar escapar al animal.

—¿Cómo estás? —me tendió la mano y quiso darme un beso en la mejilla, pero me separé.

—Vengo a que me expliques lo que pasa. Tus padres hablaron con mi mamá y fuiste tú quien los llevó a mi domicilio. ¿De qué se trata? ¿Te debo algo?

—La mujer que fue a tu casa es mi madre. El hombre no es nada mío. Vive con ella y es un tipo agresivo. Descubrió los resultados de unos análisis que me hice y me obligó a que le dijera quién me había contagiado sífilis... No pude negarme.

La sangre se me subió a la cabeza.

—Yo nunca te contagié sífilis. Tú la tenías mucho tiempo antes de que nos conociéramos; me di cuenta por el salpullido de tu piel; tal vez te enteraste al hacerte los análisis, gracias a mi recomendación, pero no me culpes de ello.

—Es lo mismo. Tú también estabas infectado con algún bicho. Además has sido muy descortés. Cuando te pedí ayuda me la negaste y, a cambio, me advertiste que por haberte acostado conmigo habías adquirido derechos sobre mí y que, aunque yo no lo quisiera, me ibas a seguir deseando y persiguiendo. ¿O ya no lo recuerdas?

—Sí, pero...

—Por si fuera poco —me interrumpió —tengo varios días de retraso y no sé si es por causa tuya...

Sentí un terrible mareo. ¡No otra vez, Dios mío! ¡No, por favor..!

—Pobre de ti —murmuré—. Te irá mal.

—¿Me estás amenazando? —se echó el cabello hacia atrás en un movimiento brusco y me miró de una forma terrible—. Hablaré con el amigo de mi mamá para que te dé una lección.

Di media vuelta, caminé a mi auto y arranqué de inmediato. Observé a Joana por el retrovisor despidiéndose de mí con una seña obscena.

Llegué a mi casa pasadas las diez de la noche. Desde la sala no se escuchaba sonido alguno, pero yo sabía que mi madre estaba en su habitación, esperándome...

Subí y toqué la puerta.

—Pasa —me dijo.

—¿Querías verme antes de dormir?

—Sí —dejó a un lado el libro que tenía en las manos, se quitó los anteojos de lectura y añadió con gravedad—: Siéntate.

Obedecí despacio, cargado de ansiedad y expectación. Mi madre jamás me invitaba a dialogar así. Era una mujer práctica, de pocas palabras y fue directo al grano:

—Vinieron a verme los padres de esa joven llamada Joana —hizo una pausa para estudiar mi expresión, pero yo estaba sereno—. Trataron de intimidarme. Dijeron que habías seducido a su hija y que le habías contagiado sífilis.

—¿Está embarazada?— me oí preguntar con serenidad.

—Aún lo ignoran, pero vinieron a advertirme que, de estarlo, tendrías que responder... o te costaría muy caro...

¿Responder? ¿Se referían acaso a que debía casarme con ella?

—¿Sabes, Efrén? —Dijo mamá después de un rato—. Estoy harta de la gente prepotente y pedante.

Me quedé viendo la expresión triste de mi madre. ¿Quién la había amedrentado al grado de que estaba harta de ello? Yo solía criticarla con crueldad, pero en ese momento estaba cayendo en la cuenta de que en realidad no la conocía.

Volví a tomar asiento.

—¿Y ya te atendiste?

—Sí... No te preocupes. Hallé la tarjeta de un excelente doctor en tu libreta. El jefe de Dhamar. Nunca tuve sífilis, pero de cualquier modo él me revisó.

Noté que se turbaba al escuchar eso. El doctor Marín era un terapeuta a quien mi madre quizá consultó por algún problema sexual.

—¿Y con Dhamar también tienes relaciones?

—Todavía no...

—Pero piensas tenerlas, ¿verdad?

—Mamá, son épocas distintas a las que tú viviste. Ahora hay menos prejuicios. Además, quiero que sepas que no voy a volver a tener sexo por simple placer. Eso lo aprendí del doctor Marín y de muchas experiencias desastrosas. De ahora en adelante sólo me entregaré a una mujer si existe amor de por medio. Y eso cambia las cosas, ¿no es cierto? Date cuenta que ya no soy un niño.

Mi madre movió la cabeza en señal de desacuerdo.

—Ten cuidado, Efrén. Tu deseo es normal y acostarte con una mujer también lo es. Pero no hablo del *qué* sino del *cómo* y del *cuándo*... Satisfacer una necesidad legítima por una vía equivocada o en un momento inoportuno puede traer malas consecuencias para ambos.

—¿Malas consecuencias? —me reí de ella—. ¿Como cuáles? Estoy enterado de todo lo que puede pasarme, y habiendo amor, estoy dispuesto a correr los riesgos.

—¿Ah sí? —me desafió—. ¿Y qué consideras lo peor que podría pasarte?

—Que por medio de amenazas y chantajes me obligaran a unir mi vida a la de una mujer a quien no amo. Joana, por ejemplo.

Sonrió con ironía.

—Hay algo mucho peor, Efrén. Algo que ni siquiera te ha pasado por la cabeza —hizo una pausa mirándome con fijeza antes de concluir—: *Unirte voluntariamente a una persona a quien, gracias a las maravillosas experiencias físicas que has pasado a su lado, crees amar...* —Hizo una nueva pausa para tomar fuerzas, y culminó—. En la juventud, el sexo es algo tan novedoso y fascinante que enajena a las parejas haciéndolas perder la razón. No hay nada más terrible que jurarle amor eterno a alguien mientras se arde en las enloquecedoras sensaciones de un cuerpo excitado: Es mentira. La mente está desorientada, confundida. El amor no tiene nada que ver con ese apasionamiento efervescente que acompaña al sexo...

—¿Y tú qué sabes de eso..? —le reclamé—. ¿Acaso te acostaste con mi padre antes de casarte con él?

El rostro de mamá enrojeció por mi impertinente pregunta, pero no me disculpé. En el fondo de mi ser albergaba, desde hacía varios años, una cuenta pendiente de cobro para ella.

—Tú nunca me has hablado de sexo —continué—. ¿Por qué lo haces ahora? Siempre estuviste ocupada en tu trabajo y yo crecí solo... Desde los catorce años me acuesto con mujeres y apenas te enteras. He vivido más de lo que te imaginas y no vas a empezar a educarme ahora —sentí que se me cortaba la voz, pero seguí hablando—: La vida me ha golpeado duro. He madurado, pero con mucho dolor. No tienes idea de cómo me hizo falta un buen consejo o un buen regaño a tiempo...

Bajé la cabeza tratando de disolver el nudo de mi garganta. Mamá estaba estática, con los ojos muy abiertos, sin saber qué decir.

—No has madurado como crees —contestó al fin—, y no has sufrido ni una décima parte de lo que puedes sufrir... de lo que yo sufrí. Sólo puedo decirte que el sexo fuera del matrimonio fue lo que echó a perder mi vida... y gran parte de la tuya.

Levanté la cara. Congoja y furia fueron remplazadas por una señal de alerta casi de inmediato. ¿Qué había dicho? ¿Es que acaso mi madre iba a levantar el velo de su oscuro y enigmático pasado? Era el momento de hablar cara a cara, de decirnos sin reservas cuanto habíamos mantenido callado durante años. Permanecí ansioso, pero ignorando aún que esa noche sería la más inolvidable de mi vida.

4

La tentación del sexo ilícito

—Para empezar —me dijo—, eso de acostarse con el novio no es cosa nueva. Se ha hecho desde siempre, así que tu generación no tiene nada que enseñarle a la mía —le resultaba difícil revelarme sus yerros, pero ya no podía detenerse—. A los quince años perdí la cabeza por uno de mis profesores. Él me llevó a conocer la sexualidad. Luego supe que era casado. Me abandonó. Fue mi gran secreto... A los veinte años me volví a enamorar. Esta vez de un amigo de la familia. Estaba segura de haber hallado al príncipe de mis sueños y me entregué de nuevo sin condiciones. Aun cuando él me confesó haber tenido relaciones íntimas antes, yo le juré que era virgen —hizo una larga pausa con la vista perdida en sus evocaciones—. Ambos estábamos muy solos y desesperados por hallar pareja, así que tuvimos sexo antes de casarnos —continuó—. Los jóvenes de aquella época poseíamos la misma cantidad de hormonas que ustedes, pero había menos promiscuidad y el sexo sin amor era poco frecuente...

Se detuvo. Me di cuenta de tener la boca abierta. ¡Estaba hablándome de mi padre! "Sigue por favor", rogué en mis adentros. Era preciso enlazar de una vez por todas los elementos inciertos de mi verdadero origen.

—Nuestro noviazgo fue corto. Nos unimos en matrimonio sin conocernos a fondo. Fracasamos. Un abismo de diferencias mentales nos separaba. Él devoraba tratados de ciencias, coleccionaba libros, impartía clases de química en escuelas superiores y, cuando le quedaba tiempo, experimentaba uniendo compuestos en un laboratorio que improvisó en la casa. Yo, en cambio, detestaba el estudio y la lectura; sólo me desenvolvía bien en reuniones sociales y haciendo deporte. Nuestros valores se repelían. Yo religiosa, él libre pensador; a mí me agradaba bailar, ir a fiestas, convivir con gente, mientras él, bastante huraño, detestaba las reuniones y prefería estar solo. Yo hablaba fuerte, rápido, de mil cosas a la vez; él conversaba despacio, en voz baja. Creo que nunca nos comunicamos de forma eficiente excepto cuando hacíamos el amor. Pero eso duró poco.

Era difícil de creer. ¿De modo que entre mis padres existió la *atracción química* pero no la *intimidad emocional* ni la *correspondencia intelectual?*

Observé a mamá. Era una mujer alta y delgada. Aún a su edad llamaba la atención por su inusitada belleza y buen cuerpo. Me imaginé que veinte años antes debió ser muy sensual.

—¿Mi papá llegó a darse cuenta de que le mentiste respecto a tu virginidad? —pregunté.

—Sí. Se lo confesé después de la luna de miel. Le produjo un gran malestar. No tanto por el hecho de no haber sido virgen sino por el de haber sido deshonesta con él. Dedujo que mi entrega era pensada, estratégica, que si había sido capaz de ocultarle algo tan íntimo, seguro le ocultaría cualquier otra cosa. A partir de entonces la relación empeoró cada día. Aumentó su carga de trabajo y yo me fui alejando poco a poco de él. Puede decirse que mi vida era la encarnación humana del cuento de la Cenicienta. ¡Una muchachita sin educación, que toda la vida se dedicó a fregar trastes, lavar ropa y desinfectar pisos, unida a un príncipe acostumbrado a fiestas de la nobleza, excelsas viandas, arte refinado: ¡un matrimonio destinado a la más absoluta desdicha! La historia se cortó justo a tiempo, antes de que sobreviniera la evidente tragedia. Pero la vida no se interrumpe con un "fueron felices para siempre", la vida continúa y, sin buenas bases, la felicidad se acaba pronto.

Un viso de intensa emoción acompañó las últimas palabras de mi madre.

—¿Y vas a decirme que te casaste con la persona equivocada por culpa del sexo?

—El sexo es un anzuelo extraordinario —repuso—. Te pesca, te hace perder objetividad, pero no es el culpable directo de los malos matrimonios. El problema está en los *noviazgos super-*

ficiales. Las parejas se casan pensando que lo más importante de la relación es la atracción física. Se unen sin conocerse a un nivel profundo.

¡Pero qué concepto tan similar al de la revista! Sonreí. No cabe duda que todos los seres humanos, cada cual por su camino, tenemos que llegar tarde o temprano a las mismas verdades.

—Yo siempre creí que nuestra vida se vino abajo cuando mi padre murió. Pero no fue así, ¿verdad? Los problemas empezaron antes...

Asintió muy despacio.

—Hay muchas cosas que desconoces, Efrén...

En su gesto había una tensión evidente, pero a la vez podía identificarse un fuerte deseo de hablar, de deshacerse al fin de esa secreta carga que la había acompañado durante tanto tiempo.

—Un año después de casarnos —comenzó—, nació tu hermana Marietta. Su llegada nos hizo pensar que la clave para triunfar en el matrimonio no está tanto en ser afines como dos mitades de naranja, porque eso jamás ocurre, sino *en tener buena disposición y sincero deseo de acoplarse.* Traté de tomarle gusto a su calma, a su música clásica, y él procuró disfrutar mi alegría, mi hiperactividad. Hubiéramos podido salvar nuestro matrimonio de no ser por lo que ocurrió cuando naciste tú. Marietta ya tenía cinco años...

Me hallaba casi al borde de la silla. Era evidente, aunque no me lo confesara, que mi venida a este mundo fue accidental. Tal vez estaba a punto de escuchar la verdadera razón de mi fútil existencia.

—¿Yo fui la causa del divorcio?

—No —se apresuró a responder—. Después del parto, las mujeres solemos sufrir una crisis emocional muy fuerte... Y a los dos meses de tu nacimiento tu padre se vio precisado a hacer un largo viaje de trabajo. Un día que yo estaba sola en la casa tuvimos una variación de voltaje. Varios aparatos se descompusieron. Llamé a la compañía de luz y a las pocas horas un empleado de mantenimiento nos visitó. El tipo se portó muy amable mientras revisaba los desperfectos; hizo un trabajo eficiente, aunque ocupó toda la tarde en ello. Terminó cerca de las nueve de la noche. Estaba cansado, y en su gesto había algo que yo califiqué como una chispa de vida. Lo invité a cenar. Me trató como a una dama. Elogió mi comida, mi aspecto físico, la pulcritud de mi casa, y se sentó a escuchar con paciencia los problemas que le platiqué, aceptando y valorando mis opiniones. Me visitó varias noches seguidas. Aunque alguna vez llegué a imaginarme siendo infiel, no andaba en busca de aventuras amorosas; pero me sentía tan sola, tan poco apreciada, tan necesitada de un desahogo emocional que cuando ese hombre me sonrió, me dijo que le gustaba y se acercó para tocarme, cerré los ojos para no pensar y dejé que las cosas continuaran. Al romperse el recipiente que guarda nuestra buena conducta, los principios comienzan a fugarse. Lo difícil es robar la primera vez, matar la primera vez, adulterar la primera vez... Después es más fácil... —hizo una pausa para limpiarse la cara—. La visita del electricista se volvió habitual —continuó despacio—. Aún después de que tu padre regresó del viaje, mantuvimos nuestro romance oculto. Me dejé envolver otra vez en el delicioso humo de las emociones que origina el sexo fuera de lugar y de momento. Curiosamente esa relación prohibida me producía sensaciones similares a las que me produjeron las relaciones sexuales, también prohibidas, que tuve antes de casarme. La percepción del peligro, la angustia de saberse haciendo algo delicioso pero vedado, son muy similares cuando se es infiel dentro del matrimonio a cuando se tiene sexo antes de él. Alguien que cede a la tentación de joven está más propenso a ceder a ella de adulto.

Se detuvo. Su vista estaba extraviada en la contemplación de recuerdos desenterrados. La mía, desorbitada, ensamblaba las escenas de ese ayer incierto del que yo provenía.

No quiso detallar la forma en que su infidelidad fue descubierta. A cambio de eso, expresó las conclusiones a las que había llegado muchos años después:

—Por muy liberales y modernos que sean los cónyuges, cuando uno de ellos engaña al otro, se causa un daño irreparable. La infidelidad es una evasión. Resulta más fácil intimar con un ajeno que enfrentar los problemas de una vida marital deteriorada y luchar por solucionarlos.

—Pero hay quien puede mantener en secreto sus relaciones ilícitas durante años —opiné.

—Eso no es cierto. ¡Resulta imposible llevar una doble vida por mucho tiempo! A mí me consta. Uno puede engañarse a sí mismo diciéndose capaz de querer a dos personas a la vez y puede tratar de ocultar su aventura para salvaguardar al matrimonio y a los hijos, pero no es posible acostumbrarse al remordimiento, a la distracción, al desequilibrio funcional que sobreviene en esos casos. Cuando se está atrapado en una relación de infidelidad se viven tensiones que no puedes imaginar. Se merma la eficiencia en el trabajo, la confianza en uno mismo, el desenvolvimiento social, la lucidez mental... y como es lógico, ese desequilibrio desenmascara el engaño. El cónyuge se da cuenta antes de tener las pruebas suficientes y el hecho le causa una herida tan profunda e irreparable que su dolor no es susceptible de alivio con ninguna explicación. Las promesas de confianza y honradez mutua quedan pisoteadas. La infidelidad es traición de grado superlativo y ésta desencadena un holocausto matrimonial del que no será fácil reponerse. Además, cuando el cónyuge infiel se queda a solas con su nueva pareja y la relación entre ellos deja de ser *prohibida,* el encanto se va, la emoción se esfuma, la pasión se desvanece... Créemelo. Rara vez verás en la televisión o en el cine una escena erótica protagonizada por marido y mujer, porque lo que enciende la sangre de modo explosivo son las aventuras prohibidas: lo tentador en el ser humano no es el sexo en sí, sino el sexo fuera del matrimonio.

Me quedé quieto y callado durante un buen rato. Nunca se me había ocurrido pensar eso. Quizá porque no tenía la referencia de ser casado. Una cosa sí era cierta: los jóvenes podíamos aprender mucho de los adultos. Aunque tuvieran el "terrible defecto" de ser nuestros padres.

—Termina de contarme. ¿Qué pasó con mi papá cuando se percató de tu engaño?

—Se fue de la casa... A él le disgustaban las discusiones y los problemas. Rentó un departamento cerca del Instituto de investigaciones químicas de la universidad y se sumergió en sus estudios para olvidar, de la misma forma que otro hombre se hubiera hundido en el alcohol. Sólo supe de él cuando un abogado fue a verme con los documentos del divorcio. Firmé sin pensarlo dos veces... Para entonces, el empleado de la compañía de luz ya se había mudado a vivir con nosotros...

—Mi padrastro Luis... —murmuré comprendiendo al fin de quién se trataba.

Mamá bajó la cabeza avergonzada. El sólo hecho de mencionar ese nombre era motivo de aprensión y enojo. Se trataba de la parte oscura de nuestra vida, el capítulo negro que habíamos tratado, a toda costa, de olvidar.

—Tenías apenas dos años de edad y tu hermana siete cuando me volví a casar. Tampoco conocía a nivel profundo a mi nuevo marido y las sorpresas no se dejaron esperar. Luis era un misógino. En cuanto tuvo el control total de las circunstancias, comenzó a tratarme con violencia. Me agredía por los detalles más insignificantes. Se burlaba de mis errores, me hacía quedar en ridículo frente a otras personas. La brutalidad era su arma preferida. Todos en casa aprendimos a tenerle miedo. Temblábamos en cuanto llegaba pues sabíamos que encontraría alguna excusa para empezar a gritar. ¡No me cabía en la cabeza que un amante tan perfecto se hubiese convertido en un marido tan detestable! En la cama era sádico, egoísta y desconsiderado. No puedes imaginarte cómo y cuánto lloré al darme cuenta de lo terrible que fue ese giro de vida. Pero el ser humano es así, hijo: Nunca está conforme con nada, siempre cree que le está yendo mal y sueña con cambiar lo que le pertenece por algo mejor. ¡Qué forma tan errada, tan irresponsable, tan inmadura de vivir! Valoramos lo que tenemos hasta que lo vemos perdido. Somos a tal grado ingenuos que le damos la espalda a lo nuestro sin saber que la mina de diamantes con la que tanto soñamos se encuentra en nuestra casa. Para hallarla sólo requerimos esforzarnos. La felicidad se da al luchar por la familia, por el trabajo, por el país que tenemos. ¡No porque sean los mejores sino porque nos pertenecen! ¡Porque a la vez formamos parte de ellos! ¡Porque son nuestros!

Caray, ¡me sentí tan mal por mi ingratitud! Esa mujer no era perfecta: cambió un esposo inteligente y noble por otro bruto y agresivo. A mi hermana y a mí nos quitó un buen padre para darnos un pésimo padrastro... Tenía muchos defectos, había cometido cualquier cantidad de errores y yo lo sabía desde muy chico. Pero era *mi* madre. ¡Me pertenecía! ¡Y yo de alguna forma le pertenecía a ella! Sentí que el llanto se acumulaba en mis lagrimales. ¡Cuántas veces la juzgué con crueldad! ¡Cuántas veces deseé haber sido engendrado en el vientre de otra mujer! ¡Qué injusto había sido! Hasta entonces comprendí que, aunque existían personas más inteligentes, más hermosas, más maduras, yo no debía amarla a ella por sus cualidades, ¡Sino porque era *mía*..!

Me puse de pie y caminé para sentarme a su lado. No tenía palabras para pedirle perdón ni tampoco hallé los vocablos apropiados para consolarla. Así que la abracé primero con cautela y luego con mucha fuerza.

Estuvimos enlazados un buen rato sin decir nada.

Después de unos minutos nos separamos. La noche estaba muy avanzada, pero yo no quería irme a mi cuarto. Deseaba acurrucarme en su regazo como lo había hecho cuando mis ojos de niño detectaban sombras en la oscuridad.

Tratando de calmarla, quise cambiar un poco el tema. La tomé de la mano y le pregunté:

—Dices que lo verdaderamente tentador no es el sexo sino el sexo fuera del matrimonio y estoy de acuerdo contigo. Lo he sentido. Pero, ¿es posible vencer un deseo tan incontrolable?

—Sí, lo es. Sólo se requiere cultivar el hábito de reflexionar y manejar las ideas.

—¿Qué tienen que ver las ideas en esto?

—Todo. ¿Sabes cuál es el órgano sexual más poderoso del ser humano? *la mente*. Cuando una aventura se hace realidad es porque ya estuvo imaginándose durante mucho tiempo. Así de simple, Efrén. No tienes que acostarte con la persona equivocada para que se desencadene el desequilibrio. Basta con imaginarlo, con dejar volar la ilusión y recrear en tu mente lo extraordinario que sería un encuentro íntimo con ella. El cerebro es capaz de crear verdaderos escenarios y representar cuadros súper excitantes al grado de hacerlos parecer reales. Entonces las fantasías toman la forma de sentimientos y deseos amorosos y éstos, tarde o temprano, se materializan.

—Por lo tanto, ¿la clave está en evitar imágenes sensuales?

—Bueno... Somos humanos y tenemos sangre en las venas. Es natural reaccionar a los estímulos del medio y tener ideas eróticas furtivas. Lo malo no es tenerlas, sino abrirles la puerta del pensamiento central, invitarlas a pasar, a ponerse cómodas y platicar con ellas durante largos e insanos períodos. En vez de distraerse con fantasías sexuales, las personas de más valía reflexionan a fondo sobre las consecuencias, piensan con juicio realista y sereno. Entonces se dictan a sí mismos un código de normas y definen lo que quieren para su futuro. Si no te has detenido a pensar en tu propósito vital, a planear lo que te conviene antes de que la tentación llegue, reaccionarás a ella conforme a tus emociones del momento, y cuando te des cuenta del error será demasiado tarde.

—¿Tú te detuviste a prever, a planear de antemano tu propósito vital?

—¡Por supuesto que no! ¿No te das cuenta de lo que trato de explicarte? Soy una mujer fracasada. Eché a perder mi vida y la de mi familia por no pensar en soluciones antes de que se presentaran los problemas. A nadie le gusta planear cosas desagradables, y por eso, cuando éstas ocurren, no sabemos qué hacer. Yo nunca creí tener la oportunidad de serle infiel a mi marido, así que cuando la tuve, me hallé ante ella desprevenida e indefensa. El mayor éxito de la tentación es su ataque sorpresivo. Para vencerla es preciso *visualizarla antes* de que llegue y tomar la decisión de lo que harás cuando esté frente a ti. Porque llegará, Efrén. Tarde o temprano. Y si te toma desprevenido es seguro que no podrás evitar caer en su cautivadora trampa.

Me separé un poco de ella. Era curioso que por criticarla y menospreciarla hubiera desperdiciado su sabiduría durante tanto tiempo. Sin embargo, en ese momento tenía urgencia de que me hablara de otras cosas. Aún quedaban muchas preguntas sin responder. Las formulé con cierta vehemencia todas juntas:

—Pero acaba de contarme, mamá. ¿Cuál fue la razón por la que huimos de mi padrastro? ¿Por qué se fue Marietta de la casa? ¿Cómo murió? ¿Qué pasó con mi padre?

No contestó de inmediato. Revivir aquello le causaba un evidente malestar. Su voz ya no sonó decidida y fuerte. A decir verdad, apenas logré escucharla.

—Luis empezó a tomar. Y cuando su estado de ebriedad era grave me golpeaba...

—Sí —le quité la palabra con inaudito coraje—. También nos golpeaba a Marietta y a mí. Y tú te limitabas a lamentarte. No te defendías. En mi mente infantil razoné que los hombres tenían derecho a gritar, a exigir e imponer sus ideas mientras que las mujeres eran desvalidas e inferiores; comencé a sentir lástima y desprecio por el sexo femenino...

Hubo un largo silencio. Muchas verdades estaban saliendo a flote en ese cuarto y con ello reflexiones importantes. Tal vez ese inicio precoz de mi sensualidad, acompañado siempre de un cierto egoísmo masculino y un aprovechamiento de la fragilidad de la mujer, tenía su origen en los modelos recibidos cuando niño.

—Marietta no huyó de casa... Ni ha fallecido, como piensas...
La sangre se me heló en las venas. ¿Qué había dicho? ¿Mi
hermana vivía? ¿Y dónde? La conmoción producida al escuchar
eso me dejó impávido, sin habla. Palabras de reclamo y enojo
quisieron bullir, pero se atascaron en mi garganta.

—Tu hermana comenzó a desarrollarse como señorita a los
once años de edad... Y eso llamó la atención de Luis... Cuando
estaba borracho la molestaba... la tocaba... y un día... Dios
mío... —mi madre se detuvo; se le dificultaba sobremanera
hablar, pero yo comenzaba a sospechar lo que había ocurrido, antes de que ella lo aclarara—. Llegó ebrio, a la una de la
mañana, y fue directo al cuarto de la niña. Todos dormíamos.
Se quitó la ropa y se metió a la cama de la pequeña. Marietta
se despertó cuando ya había sido desvestida. Alcanzó a gritar
antes de que su padrastro le tapara la boca. Al oírla desperté
y me levanté para correr a su habitación. Por fortuna no estaba con llave. Tú me habías visto callar, llorar resignada a los
abusos de Luis, pero no me viste esa noche peleando como
una fiera. Ataqué a mi marido con uñas, objetos, dientes,
presa de la desesperación y furia que sólo una madre puede
experimentar al ver a sus hijos en peligro. Él me golpeó en la
cara, pero yo hice añicos sobre su cabeza un pesado florero
de cristal cortado y se desvaneció bañado en sangre.

—¿Alcanzó a violarla?

—No logró consumar el acto, pero la lastimó mucho. Tu
hermana era una niña. Salí del cuarto con ella; estaba asustada y temblaba por un ataque de nervios. Yo actué rápido.
En mi mente sólo existía el pensamiento de ponerla a salvo.
Llamé por teléfono a un sitio de taxis, cerré con doble llave la
habitación en la que tú dormías, tomé mi libreta de direccio-
nes, vestí a Marietta y salí con ella en cuanto el coche llegó.
Fuimos directo a la Universidad. No conocía el departamento
de tu padre, pero con el domicilio, el chofer me llevó hasta él.
Bajamos del automóvil y le pedí al taxista que me esperara.
Toqué el timbre durante varios minutos. Eran más de las dos
de la mañana. En cuanto tu padre me abrió, lo abracé llorando

y le dije que le llevaba a la niña para que se hiciera cargo de ella por un tiempo. Él se asustó mucho. Encendió las luces y me exigió que le explicara lo que había pasado. Lo hice. Abrazó a su hija. Me reclamó el incidente como si yo fuera responsable y me dijo que los niños debían vivir con él. Después de un rato se calmó y en su mirada creí detectar una chispa de perdón. Pero toda esperanza se esfumó al momento en que me di cuenta que había una mujer en su recámara. Me despedí de Marietta con un fuerte abrazo y salí del departamento. La vivencia de esa noche fue lo más parecido al infierno. Me sentía sola, arrepentida, desamparada, temerosa. No sólo existía el peligro de enfrentarme a la justicia en el remoto caso de que Luis hubiera fallecido por el golpe; ahora también temía por la reacción de tu padre que, con justo derecho, podía tratar de arrancar de mis brazos lo único que me quedaba en la vida: mi hijo pequeño. Y por si lo anterior fuera poco, en caso de que Luis se recuperara, resultaba evidente que se vengaría de mí. Llegué a la casa deshecha en llanto, arrepentida de haber abandonado a Marietta, pero inmersa en una lucha intrínseca por resignarme a que había sido lo mejor. Su padre la cuidaría bien mientras viviera. Volví a pedirle al taxista que me esperara en la puerta. Subí corriendo. Luis seguía en el suelo, justo donde lo había dejado, con la boca abierta, sin sentido. No me acerqué a tocarlo, pero su postura grotesca me hizo pensar que había muerto... Preparé una maleta con lo indispensable, te tomé en mis brazos y bajé como pude para volver a subir al carro y huir. Fuimos directo a la central de autobuses. Compré boletos para la ciudad más lejana que pude, sin importarme cual, y cuando despertaste ya estábamos muy lejos... Te dije que tu hermana se había ido de la casa, que todo estaba bien y que en el lugar al que íbamos Luis no nos encontraría. Lo último era cierto... En cuanto a lo demás, no pude explicártelo. Era posible saciar tu curiosidad infantil con historias menos crueles que la verdad. Fue terrible llegar a un poblado desconocido y buscar hospedaje. Llevábamos poco dinero, pero hallamos un buen cuarto en renta y a los

5

Unión libre

Para no tener que ver más a Joana, pedí mi cambio de grupo en la Universidad. Ella, a su vez, evitó encontrarse conmigo, pero yo sabía que se vengaría, aunque no fuese de inmediato.

Desde que se iniciaron las clases, mis encuentros con Dhamar se hicieron más espaciados y sustanciosos. Ambos, con trabajo y estudio, estábamos ocupados desde las siete de la mañana hasta las nueve de la noche. Sin embargo, pasábamos juntos todos los fines de semana.

Aquella tarde dominical nos encontrábamos en su casa solos. Sus padres habían recibido una excelente propuesta de negocios en una ciudad ubicada a mil doscientos kilómetros de distancia, de modo que toda la familia, a excepción de ella, se encontraba haciendo un largo viaje, supervisando los detalles de su próximo traslado.

—¿Y cómo van las cosas con tu mamá? —me preguntó.

—Bien —contesté echándome a la boca una uva del frutero—. Desde la noche en que hablamos ha habido un cambio radical entre nosotros. Ahora conversamos más seguido, como buenos amigos.

—¡Cuántas cosas importantes pasaron esa noche!

—Sí —bromeé—. Las primeras rosas que te compré, terminaron marchitas en el bote de la basura.

—Aunque, desde entonces, me regalas un ramo cada semana.

—Te noto muy romántica, Dhamar. ¿No se suponía que íbamos a estudiar para tu examen de mañana?

Hizo un gesto de niña rebelde y abrió el voluminoso libro de matemáticas que estaba sobre la mesa.

—¿Quieres una uva? —Le pregunté enseñándole la pequeña fruta entre mis dientes.

Sonrió con malicia y se incorporó para acercarse muy despacio y quitármela con la boca.

—No te vayas —la atrapé.

—Lo siento... Tenemos que estudiar... —se zafó de mi abrazo para volver a su asiento frente a la mesa del comedor. Me puse de pie y acerqué una silla a su lado.

Nuestro noviazgo era tan estupendo que nunca lo imaginé posible dentro del contexto de mis antiguas referencias. Con el paso de los meses, el amor que nos unía se había confirmado como algo excepcional. Sin embargo, un pequeño problema estaba dándose forma entre nosotros: Era fácil comprobar la afinidad intelectual entre ambos y regocijarse con la espontaneidad de nuestra comunicación profunda, pero lo concerniente a la atracción de los cuerpos estaba convirtiéndose en un defecto insufrible. Era demasiado fuerte, en extremo poderosa, incontrolable. Podíamos pasar largas horas trabajando, platicando o jugando, pero en cuanto había ocasión de un ligero roce corporal, se despertaban en ambos pasiones trepidantes. Nos entregábamos a besos sensuales y a oscilaciones arrebatadas que no son para ser descritas. Era un fenómeno curioso, fuera de lo común, y cuando estábamos ecuánimes solíamos bromear respecto a él.

—Aléjate de mí —me decía—, eres un monstruo llameante, abrasador.

—Abrazador, querrás decir —y me iba sobre ella.

—¡No me toques! —gritaba.

—Ni tú a mí —me separaba—. No estás hecha de "carne y hueso" sino de "carne y sexo".

Y reíamos. Lo cierto es que la combustión de nuestros cuerpos no estaba lejos de convertirse en incendio. Y esa tarde sucedió...

Mi visita a su casa tenía la intención de ayudarla a preparar un examen de cálculo que presentaría al día siguiente, pero apenas me quitó la uva de la boca y percibimos el silencio y la quietud del lugar, sabiendo que nadie llegaría en toda la tarde —ni en toda la noche—, nuestros corazones comenzaron a latir en forma incontrolada. Nunca antes habíamos enfrentado circunstancias tan tentadoras.

A las recomendaciones de mamá, que indicaban "controlar la imaginación e impedirse fantasear con situaciones eróticas", les había hecho falta una más: "identificar las situaciones propicias para el sexo inoportuno antes de estar en ellas y decidir si era conveniente eludirlas o no". Porque de situaciones como en la que nos vimos inmersos esa tarde no es posible escapar. La oportunidad se levantó a nuestro alrededor como una fuente multicolor, haciéndonos olvidar los conceptos filosóficos y dejando fuera de combate voluntades y propósitos.

Parsimoniosa, temerosamente, llevé una mano a su rostro y sentí cómo se estremecía al contacto; jugueteé con su cabello y acerqué mi boca a la suya sin tocarla, a unos milímetros de distancia. Cerró los ojos quedándose muy quieta, con las mejillas enrojecidas y la respiración agitada.

Me puse de pie, flotando, y la abracé por la espalda. Enlazó mis manos alrededor de su cuello y me llenó los brazos de besos. Se volteó para colocarse frente a mí. Nos miramos el uno al otro, inmovilizados por un respeto ilógico. Ella no quería perder la virginidad así... allí... y yo no quería que eso ocurriera. Fueron suficientes las miradas para quedar de acuerdo.

Actuamos bajo esos límites, alegres, poseídos e impresionados por la inaudita explosión de nuestro universo físico.

Una nube blanca de inquietud nos envolvió, y todo fue falso y todo fue cierto y atrapados en esa cápsula pegajosa a cuyas paredes se adhería obstinadamente nuestra piel, luchamos por respetar las ideas de continencia; pero éstas, atemorizadas, se retiraron agazapándose en un rincón de la sala, disminuidas por el tamaño de esa energía inexplicable. No era mi cerebro el que razonaba ni el de ella; era el cerebro ciclópeo de la naturaleza que enfurecida se alzaba sobre nosotros para reclamarnos lo que le pertenecía. La oscuridad tintineante de nuestros ojos, cuando estábamos unidos en besos eternos, semejaba más una sensación maníaca que amorosa. Mis incontrolables manos cobraron autonomía y se mostraron tensas, desesperadas, dispuestas a destruir, a romper, a abrirse paso; mis dedos se movían por iniciativa propia, acariciando, asiendo, desabrochando... y los de ella hacían su parte contagiados de la frenética locura. Ignoro cuánto tiempo estuvimos jugando al frustrante pasatiempo de masticar sin deglutir, de estudiar sin aprender, de acostarse sin... ¿dormir?, pero el aire dentro de la gelatinosa burbuja en la que estábamos atrapados se convirtió en una amalgama sicodélica de vibraciones excesivas, de tendencias confusas, prohibidas: soberbia, avaricia, lujuria, ira, gula, envidia, pereza.

Recordé a Joana. ¿No había vivido con ella una enajenación similar (aunque menor), y la experiencia no me demostró que había sido un grave error? Con Joana tuve relaciones completas, cosa que no sucedería con Dhamar. ¡Pero ese *casi* tener sexo, ese permitirse todo, excepto la culminación natural y entera del acto, estaba resultando más atrayente y enloquecedor que el mismo sexo completo! ¡Qué concepto tan impresionante había tomado forma en mi entendimiento! Si el coito clandestino hacía perder objetividad, el manoseo intemperante con poca ropa, o sin ella, hacía perder más que eso.

—Maldición —espeté separándome y echándome a caminar en círculos—. No quiero cometer errores contigo, Dhamar. ¡Ahora que te he encontrado no voy a permitirme perderte!

Mi novia me observó, confundida, andar de un lado a otro como animal enjaulado.

—¿Por qué habrías de perderme? —preguntó.

—Por lo que está pasando entre nosotros. Es increíble. ¡Dentro de poco te irás a residir a otra ciudad, dejaremos de vernos y todo se vendrá abajo!

—No pienses en eso ahora —se incorporó para abrazarme—. Ya encontraremos la solución.

—¿Chatear? ¿Mandarnos *e-mail*? ¡No! —la excitación física se había hecho una sola con la mental—. ¡Encuentro a la mujer de mi vida y se tiene que ir!

Hubo un silencio prolongado. La misma vergüenza que debieron sentir los primeros pobladores de la Tierra después de haber comido la fruta prohibida comenzó a interponerse entre nosotros al contemplar nuestros cuerpos semidesnudos.

Se acomodó la falda despacio.

—No te vayas —le supliqué—. Tienes un buen empleo. Estás a la mitad de tu carrera profesional y en esta ciudad hay alguien que te quiere como no te querrá nadie en la vida...

Dejó de preocuparse por su vestimenta para echarse sobre el acolchado sillón de la sala y contestarme con tristeza:

—El doctor Marín abandonará la clínica muy pronto y yo me quedaré sin trabajo. En el sitio al que vamos hay una Universidad filial en la que puedo, sin ningún problema, terminar mis estudios... Y si mi novio me quiere, como dice... no dejará de amarme aunque estemos lejos.

—No quiero que te vayas —insistí—. He empezado a ganar bien y puedo rentar un departamento. Podemos vivir juntos, solos. Iremos poco a poco creciendo como pareja.

Bajó su vista y la mantuvo posada sobre la alfombra un largo rato.

—¿Qué es exactamente lo que me estás proponiendo, Efrén?

Matrimonio no era. La idea de casarnos me inspiraba un gran temor. Después de tantas advertencias referentes a la enorme cantidad de fracasos por decisiones mal tomadas en la juventud, no quería arriesgarme a unirme para siempre a nadie. Ni siquiera a ella.

—Lo que vale entre nosotros es el amor —le contesté—. Esto que estamos viviendo. Es algo superior, más sublime, más perecedero que un contrato de papel. No necesitamos los convencionalismos sociales. Tú y yo podemos unir nuestras vidas sin tanto formulismo, con la confianza de que no nos traicionaremos nunca.

—¿Quieres que vivamos juntos? ¿Y por cuánto tiempo?

—Para siempre.

—Entonces casémonos. Lo que llamas convencionalismos sociales tiene una razón de ser.

—Pero, ¿y si no funciona?

Se quedó callada, con la vista perdida. Luego reaccionó y comenzó a abotonarse la blusa. Tomó todo su tiempo en el prolijo arreglo del escote.

—Si lo que buscas es una aventura más de la que puedas huir en cualquier momento, la unión libre estará bien para ti, pero no para mí, porque yo no busco eso. El día que me entregue a alguien será dando el todo por el todo. Quemaré los puentes tras de mí para verme obligada a caminar hacia adelante. No voy a eludir la responsabilidad de un hogar jugando a la casita.

—Me estás malinterpretando, mi amor. Vivir juntos sería un comienzo excelente —insistí—. Sólo así nos conoceremos a fondo y decidiremos sobre nuestro futuro con bases sólidas. No es lo mismo flotar por los aires haciendo cuanto acabamos de hacer, que contemplar la realidad de una convivencia diaria. ¿Qué mejor garantía podemos darnos para decidir bien? Si no nos entendemos, seguiremos nuestro camino sin la terrible etiqueta de divorciados.

—Pues yo prefiero ser una mujer divorciada, con garantías, protegida por la ley, que una abandonada, tal vez incluso con hijos.

—¿Pero cómo puedes decir eso? Sin importar nuestro estado civil, nunca te abandonaría y menos teniendo hijos. Mis intenciones hacia ti son mejores de lo que te estás imaginando. Te amo para siempre, Dhamar. ¿Entiendes la magnitud de eso?

—Pues entonces casémonos. Yo no estoy dispuesta a ser tu concubina. Apostemos a ganar. Si en este momento me pides que sea tu esposa, aceptaré, aunque ninguno de los dos hayamos terminado nuestras carreras, aunque no estemos preparados económicamente, aunque la decisión nos ponga en serios aprietos inmediatos. Pero aceptaré porque también te amo, Efrén, y porque a diferencia tuya, estoy dispuesta a hacer cualquier cosa por ti.

Hubo un silencio tenso. Más para hacer tiempo que para cubrir mi parcial desnudez, me acomodé el pantalón, me subí el cierre, busqué mi camisa en el piso y me la puse.

—Cuando un matrimonio se va a pique —espeté por lo bajo—, además de complicada resulta muy dolorosa la separación. Yo crecí en una familia deshecha y...

Me detuve. No quería hablar más a ese respecto porque era como poner el dedo en la llaga.

—Te entiendo, Efrén. Si viviste de cerca la ruptura matrimonial de tus padres es natural que defiendas la unión libre. Pero ellos no fracasaron por haberse casado... De hecho si hubiesen elegido sólo "juntarse", de todas maneras se habrían separado. No digo que la unión libre dé siempre malos resultados, pero, con ella, la pareja tiene menos posibilidades de éxito.

—Sin embargo, la mayoría de las personas que viven en unión libre terminan casándose —rebatí.

—¿Quién dijo eso? ¿Lo supones o hiciste estadísticas? ¡Es mentira! No te olvides que trabajo en una clínica de integración conyugal y he tenido en mis manos toda la información a ese respecto. La realidad es muy diferente a lo que puede parecernos lógico: Es cierto que poco más de la mitad de los matrimonios se pierden; sin embargo, de cada cien uniones libres ochenta fracasan. Hay una gran diferencia.

—¿Pero por qué? —pregunté inconforme.

—Porque es un acuerdo que sólo le conviene al hombre. Consigue todos los placeres del matrimonio sin asumir ninguna responsabilidad. Cuando está harto del sexo y se enfrenta a los problemas de pareja, prefiere salir por la puerta de atrás, que dejó abierta.

Me quedé pensando. José Luis, mi amigo y profesor de la Universidad, era un tipo infeliz pues había vivido en unión libre tres veces sin que ninguno de esos "matrimonios a prueba" fraguara. Tal vez si se hubiera casado con su primera amante aún seguiría unido a ella y también sería infeliz por tal motivo. ¿Qué era más prudente? ¿Dejar abierta la puerta de atrás para salir huyendo si nuestra pareja se convertía en un engendro aberrante, o encerrarse para pelear a muerte con ella intentando, adaptarse a su fealdad? Mi enredo mental no me permitió opinar.

—Tú me dijiste una vez que uno de tus profesores vivía en unión libre. ¿Cómo le ha ido?

—Bien —mentí.

—Pues yo he visto de cerca un ejemplo al que le ha ido muy mal: La hermana mayor de mi mamá. Se escapó con su novio y aceptó vivir con él. Pero una serie de fenómenos curiosos, que no pasan en un matrimonio, comenzaron a ocurrir: Su compañero sexual derrochaba el dinero completo de sus quincenas jugando cartas y a ella parecía no importarle. Mi tía solía decirle a mamá: "Si no sabe cuidar su capital es problema de él; así nunca logrará hacer nada". Y mamá le contestaba: "¡Pero tú también despilfarras comprando ropa exótica que no usas nunca! ¿No piensan ahorrar para adquirir una casa? ¿No planean tener una posición mejor en el futuro? ¡Aunque no estén casados tú debes hacerle ver sus errores y él debe hacértelos ver a ti!" Pero eso nunca sucedió, porque ellos no tenían una sociedad conyugal, tenían una unión libre y en este tipo de vínculo existe el riesgo latente de que en cualquier momento alguno de los dos, por lo regular el hombre, dé por terminado el asunto. Nadie puede vivir tranquilo con ese peligro acechando. ¿Sabes lo que le ocurre a las parejas que se mudan a la misma habitación sin casarse? Se ven precisadas a mostrar siempre su mejor aspecto, y a dejar sin resolver pequeños detalles molestos por miedo a desatar una tormenta. Pero la vida está hecha de detalles y la cantidad de inconformidades mutuas no resueltas, tarde o temprano estallan. Mi tía, cuando se quedó sola con una hija sin padre, le confesó llorando a mamá que siempre vivió temerosa de ser abandonada y lo que al inicio fue una hermosa relación unida por el amor sublime y no por vulgares formulismos sociales, como tú los llamas, terminó siendo un banquete sexual para su novio que, una vez saciado, se retiró con las manos limpias. La unión libre es querer tener placer sin arriesgar nada. Es una relación endeble, es decirle al amor "quizá" y no "sí". Pero el amor no admite dudas. El amor *es* o *no es*. Si mi tía se hubiese casado, estoy segura de que se hubiera visto obligada a encerrarse con su marido para discutir sus diferencias y ambos hubiesen tenido que luchar por limar disconformidades, pensando en el futuro a largo plazo.

—Y tal vez, hubiesen terminado divorciándose de cualquier manera —opiné.

—Tal vez, pero no sin antes haber hecho todo lo posible por salvar su unión. Hay muchos factores que empujan a los esposos a perseverar por solucionar los problemas de su vida conyugal. Te los voy a enumerar: En primer lugar se comprometieron públicamente, ante todos sus amigos y familiares; no es fácil explicar a medio mundo un fracaso de esta magnitud, de modo que el compromiso social y familiar también juega un papel importante. En segundo lugar, si se casan por la Iglesia, se comprometen ante lo más supremo que cualquier ser humano pueda tener: Dios; Él es su sentido trascendental de existir, su fuerza motivadora de amor, paz, honestidad, verdad, esperanza; si es difícil darle la cara a la gente para explicar un divorcio, es mucho más difícil darle la cara a Dios... Y en tercer lugar, al casarse por el civil existe un compromiso legal que otorga obligaciones y garantías muy claras. Y aunque ahora las leyes de convivencia tratan de amparar a quienes viven juntos, los procesos son más complejos.

—Hace poco —comenté tratando de darle un tono más casual a la plática—, vi en televisión a un grupo de chicas que apoyaban la unión libre. Si es cierto todo eso, ¿por qué las feministas promueven algo que les perjudica?

—No lo sé. En afán de libertinaje, cualquiera se convierte en su propio enemigo. Podrán hablar de ideas modernas, pero tarde o temprano querrán un hogar donde no sean usadas como un instrumento sexual, donde sean amadas y respetadas, donde puedan tener hijos y criarlos con el apoyo de un esposo real. Porque Efrén, muchas veces los hijos de una unión libre crecen confundidos. Para muestra la hija de mi tía. Tiene mi edad y es una irresponsable —suspiró—. En fin. No me extrañaría que Joana acabara mal. Y todo por causa de...

—¿Qué dijiste? —La interrumpí dando un salto—. ¿Tu prima *Joana?*

Eso había dicho. Me observó asombrada.

—¿La conoces?

Extraje un pañuelo y me limpié el sudor de la frente. Es un mundo pequeño. ¿Quién lo hubiera imaginado?

—¿Tu prima es estudiante de odontología, novia de un tipo llamado Joaquín, muy alta, atractiva, sensual..?

—Exacto. ¿La conoces?

—Mejor de lo que te imaginas...

—¿Es ella..?

Asentí.

Me miró con los ojos muy abiertos. Hubo un silencio tenso. Acorralado por la dureza de su rostro, haciendo grandes pausas comencé a confesarle los detalles de mi relación con su prima, sin olvidar comentarle lo de la amenaza.

Dhamar bajó la cabeza por un tiempo que me pareció eterno. Cuando la levantó, su gesto se veía lleno de tristeza, pero sereno.

—Joana me llamó hace poco para pedirme una cita con el doctor Asaf —susurró como para sí—. Mi tía ha vivido con varios hombres. Su último galán, con quien lleva viviendo más de dos años, es un militar de mal carácter que gusta de agredir a todo el mundo por insignificancias.

—Sí.

Se volvió a quedar callada meditando y agregó:

—Yo estaba muy preocupada por el asunto pendiente que tenías con "alguna" chica... Ahora no sé qué pensar.

El ambiente se cargó de melancolía. La miré de frente y no pude contener la frase:

—Te amo, Dhamar.

Sonrió con tristeza y me tendió una mano. Me acerqué y la tomé para acariciarla.

—¿Entonces —pregunté meditabundo—, el matrimonio, con todo y la mala fama que tiene, sigue siendo la opción más inteligente?

—Sí Efrén. Y no estoy sugiriendo que sea el estado perfecto o idílico en el que todo será alegría. Yo creo que entre los retos más difíciles de lograr en este mundo, no hay ninguno más difícil que un buen matrimonio. Se debe trabajar mucho por él, sacrificarse, renunciar a infinidad de cosas. Si nosotros nos casamos, tal vez algún día yo llegue a desear ponerle cianuro a tu café y quizá tú hagas complicados planes para ahorcarme. Pero después de luchar vendrá la calma y las lágrimas y podremos abrazarnos y reírnos de nosotros mismos. El período de adaptación será largo, difícil, doloroso. Pasarán años y no terminaremos de aprender a convivir como pareja. Será complejo, pero valdrá la pena, porque cuando todo parezca ponerse en contra tuya, cuando caigas y te sientas derrotado, sabrás que habrá alguien que te espera con los brazos abiertos, que te ama, que se siente mal por tu tristeza, que estará a tu lado siempre, sin importar los giros de tu fortuna. Y si es tarde y no has llegado a casa, tu esposa estará despierta, mirando el teléfono y asomándose por la ventana cada vez que oiga un auto. Y a mí, cuando los niños me falten al respeto, cuando el trabajo de la casa me agobie, cuando mis planes se deshagan y todo parezca venirse abajo, mi esposo me apoyará, me tomará de la mano y me dará fuerzas, como un amigo sincero en cuyo pecho podré llorar abiertamente, sin vergüenza y sin temor. Así como compartiremos el dolor, también estaremos juntos para vivir las alegrías de nuestros logros, la felicidad de las fechas importantes, la belleza de ver crecer a nuestros hijos. Y cuando apaguemos la luz después de un día intenso, tendremos a quien abrazar por debajo de las sábanas para quedarnos dormidos al calor de su cuerpo...

Dhamar era toda una mujer. Su madurez me asombraba; su inteligencia me dejaba sin habla.

—¿Sabes una cosa? —le dije—. Podrías ser una excelente vendedora.

Reímos. Me tendió los brazos y me acerqué a ella conmovido. La abracé con fuerza y, mientras lo hacía, cerré los ojos para susurrarle al oído que nunca la dejaría ir de mi lado...

6

El placer sexual

Mi novia tuvo exámenes los cinco días de la semana que siguieron a nuestra discusión sobre el matrimonio y yo, mucho que pensar, de modo que no nos vimos ni llamamos. Deseaba casarme con Dhamar. Enfrentar el reto como el hombre que ella merecía y no como el niño indeciso que siempre había sido, pero la idea me sacaba de mí. Dejé de comer y de hablar. Por las noches daba vueltas en la cama sin lograr dormir; un par de veces me vestí en la madrugada y salí a las calles oscuras, pero al volver continuaba insomne e inapetente.

El viernes, al llegar de la escuela encontré un recado de Dhamar en la contestadora telefónica. Decía que había llamado para despedirse, pues iba a acompañar a su padre en un viaje de trabajo durante diez días. Me dejaba el número telefónico donde quizá la encontraría si deseaba hablarle por larga distancia.

Repetí la grabación varias veces para escuchar su voz. Su proyecto para mudarse a radicar a otra ciudad era real. Una y otra vez me preguntaba qué podía hacer al respecto. No estaba en condiciones de ofrecerle nada. En el trabajo había comenzado a ganar un buen sueldo; sin embargo, me faltaban once meses para terminar mi carrera profesional y al menos otros once para ahorrar lo mínimo indispensable antes de estar en condiciones de casarme. ¡Cómo me lamenté de haber perdido tres años vagando cuando salí de la preparatoria! Un joven nunca valora el tiempo que malgasta al dejar el estudio por amigos y fiestas, pero la vida es como un enorme restaurante de autoservicio en el que tenemos absoluta libertad para tomar lo que nos plazca y comerlo: todo, se va anotando en nuestra cuenta y tarde o temprano, tendremos que pagarlo... a un precio muy alto.

A fines de la semana siguiente, mi quebranto comenzó a hacerse evidente. Unas enormes ojeras grises me bordeaban los párpados, la vista vidriosa y el rostro sin rasurar me hacían parecer una caricatura de mí mismo. Cumpliendo con mis obligaciones mecánicamente, transcurrieron otros cinco días más. El miércoles no fui a trabajar. Le pedí a mamá que me reportara enfermo. Y lo estaba: enfermo de melancolía, de impotencia, de soledad.

—¿Hoy tampoco vas a desayunar?

—No tengo hambre, mamá.

—¿Qué es lo que te pasa?

—Nada...

Mi dormitorio estaba hecho un verdadero desastre. Se acercó haciendo a un lado con el pie la ropa sucia, libros y basura que cubría el suelo.

—Dime la verdad, ¿tienes problemas?

Negué con la cabeza.

—¿Se trata de Joana? —insistió.

—No.

—¿Entonces de Dhamar..?

Sentía un gran amor por mi madre, de modo que la miré a los ojos y le contesté:

—Sí... Se va a ir a vivir con su familia a otra ciudad. Muy lejos. No concibo la idea de perderla.

—Si puedo ayudarte en algo...

—Gracias —tomé su mano con respeto—, pero nadie puede hacer nada. —Era verdad.

Asintió y luego sonrió.

—Te tengo una sorpresa. Hoy llegó una carta para ti.

Me puse de pie pensando en Dhamar. Pero de inmediato me desvanecí otra vez sobre la cama. Era improbable que me escribiera.

—¿De quién es?

Me la entregó.

—Descúbrelo tú mismo.

Le di vueltas al sobre con extrañeza. En el remitente aparecía una dirección extranjera, calle ininteligible en cierto poblado de Nueva Inglaterra y el nombre de una persona llamada...

—¿Marietta..? —sentí un escalofrío lento y electrizante—. ¿Mi hermana?

Mamá sonrió con ternura y se retiró de mi habitación dejándome boquiabierto.

¡Qué misterioso era el pasado de mi familia! ¡Cuánto desasosiego me producía encontrarme de frente con sus indicios! Si Marietta sabía nuestro domicilio, ¿por qué tardó tanto tiempo en escribirme?

Tuve el sobre en mis manos sin atreverme a nada durante varios minutos. Lo abrí temblando. La letra era muy prolija. Comencé a leer con avidez sin imaginar la importancia que ese mensaje tendría para mi futuro.

Efrén:

Tal vez te parezca extraño recibir esta carta. Ha pasado toda una vida desde que nos separamos, pero nunca te olvidé. Las circunstancias nos hicieron crecer lejos el uno del otro; sin embargo, tengo muy claro en mi mente tu recuerdo: Siendo apenas una niña solía ayudarle a mamá a bañarte y a preparar tu biberón. Sentía una gran ternura por ese bebé frágil y temperamental que tú eras. No te conocí de mayor. Imaginaba que serías impulsivo, igual que yo, pero con un gran corazón, como mamá.

Últimamente he tenido mucho tiempo para reflexionar y echar a volar la imaginación. Me casé hace dos años y estoy en las etapas finales de un embarazo de alto riesgo, lo que me mantiene en cama casi todo el día. Quiero decirte algo que tal vez te dé gusto: he acordado con mi esposo que, si nuestro hijo es varón, se llamará Efrén. Yo, incluso, he pensado que tal vez se parezca un poco a ti, ¿sabes? Mi vida es muy feliz ahora. Por eso he decidido escribirte. Supe que has tenido algunos altibajos emocionales muy fuertes y, como yo también los tuve, he querido compartir contigo cómo fue que hallé un sentido diferente a mi existencia.

¿Altibajos emocionales? Detuve la lectura consternado. ¿Acaso mamá le habría hablado de mi vagancia anterior a la universidad o le habría contado cosas más recientes, como mis desplantes sexuales o mi problema con Joana? Continué leyendo.

En la juventud no existe asunto más importante que el amor y el sexo. Esto, a veces, nos hace perder la visión del futuro y se convierte en la parte fundamental del presente. Yo sé que desde hace muchos años has luchado por equilibrar tu relación con las chicas, sé que has tenido tropiezos serios y quiero abordar ese tema en esta carta. Antes debo advertirte que fui educada siempre según las normas del Creador y aprendí a amarlo de manera abierta y prioritaria. Caminé desde muy chica con fe en Dios y crecí en su silencio. Mis dirigentes religiosos me ponían un alto tajante en la cuestión sexual y eso me causaba una gran confusión. Yo no estaba de acuerdo. Sabía que si el sexo era malo, la Fuente de Bondad infinita no lo hubiese creado. En mi juventud las tentadoras invitaciones para irme a la cama con los muchachos eran cosa de todos los días. Tuve un noviazgo largo y cada vez me fue más difícil abstenerme de la relación sexual.

Un día llegó a mis manos un libro de la Biblia llamado "El Cantar de los Cantares" y alguien que me ayudó a entenderlo. Aunque hoy sé que hay diversas formas de interpretarlo, a mí me agrada la que aprendí porque me hizo sentir libre y feliz. Verás. Al estudiar el poema encontré algunas respuestas que me dejaron asombrada. Me di cuenta cómo el amor de la pareja llega a su clímax no con palabras románticas ni con ejercicios espirituales sino en la más extraordinaria fusión de sus cuerpos. A continuación te escribo un fragmento de cuanto te estoy diciendo. Los recién casados están en su noche de bodas. El varón besa a su esposa en el rostro, la admira semidesnuda, cubierta por ropa interior transparente, descubre el velo y va admirando sus mejillas, su boca, bajando con dulces susurros a lo largo de su cuello, de sus senos, hasta llegar al monte de venus, y estando ahí, saborea sus amores, más gustosos que el vino, que los perfumes y que todos los bálsamos del mundo. La invita después a ella a explorar sus zonas erógenas, a acariciarlo desde "la cueva de los leones" hasta "los montes de los leopardos", y ella lo hace con sus labios cálidos, ansiosos, destilando miel, y no para sino cuando su lengua se llena de leche. Él admira la virginidad de su compañera, esa fuente sellada pero húmeda, lubricada de corrientes vivas, y ella le tiende los brazos y se entrega totalmente, deseosa de que su amado entre en su cuerpo, al momento en que la voz de Dios les dice: "Disfruten amigos queridos, embriáguense de placer".

Yo no podía creer que tales descripciones estuvieran en el Libro de Dios. Era un gran descubrimiento. Compruébalo por ti mismo.

ÉL: ¡Qué bella eres, amada mía, qué bella eres! Tus ojos son dos palomas escondidas tras de tu velo; tus cabellos cual rebaños de cabras que ondulan por los montes Galaad. Tus labios son rojos como hilos de escarlata, tu hablar encantador. Tus mejillas, como cortes de granada. Tu cuello es semejante a la bella torre de cantería que se construyó para David, erigida por trofeos; de ella cuelgan mil escudos de valientes. Tus dos pechos, como dos crías mellizas de gacela que pastan entre las rosas. Antes que se haga de día y huyan las sombras, me iré al monte de la mirra, a la colina del incienso. Qué hermosos tus amores, más que el vino, y la fragancia de tus perfumes, más que todos los bálsamos. Ahora ven tú amor mío. Baja conmigo y contempla desde la cumbre del Amaná, desde la cumbre del Sanir y del Hermón, desde la cueva de los leones, desde los montes de los leopardos. Qué gratas son tus caricias, tus caricias son más dulces que el vino y más deliciosos tus perfumes que todas las especies aromáticas. Miel virgen destilan tus labios. Hay miel y leche debajo de tu lengua; y la fragancia de tus vestidos como la fragancia del Líbano. Huerto eres cerrado, amiga mía, esposa, huerto cerrado, fuente sellada. ¡Fuente de los huertos, corriente de aguas vivas, corrientes que del Líbano fluyen!

ELLA: ¡Levántate, ven amado mío! Sopla en mi cueva, que exhala sus aromas! ¡Entra amado mío en mi huerto y come sus frutos exquisitos!

CORO: ¡Comed, amigos, bebed, oh queridos, embriagaos! (Cnt 4, 1-16).

Efrén. Esto es sólo una pequeña muestra de la Biblia, un libro cuyo análisis detallado puede cambiar, como lo hizo conmigo, muchas de las ideas fundamentales de tu vida.

Cuando supe que mi hermano menor, a quien aún a través de la distancia y el tiempo siempre he querido, tenía algunos problemas con mujeres, quise compartirle algo que fuera más allá de un simple consejo, poner a su alcance la madeja de un hilo que cuesta mucho trabajo asir y más aún jalar, pero una vez que lo haya logrado podrá conducirlo por caminos de paz inigualables. Me refiero a la madeja del hilo que te llevará a Dios, Efrén. Él te llama, tiene los brazos abiertos hacia ti. Mientras sigas buscando otros motivos para vivir, seguirás vacío, dando tumbos, sufriendo, como un perdido en el desierto. Entiéndelo por favor: La arrogancia es la única barrera capaz de separarnos de su amor. Deja de darle la espalda. Busca gente que esté cerca de Él, únete a ellos, aprende a caminar, a asirte de ese hilo irrompible que te dará verdadera vida. Dios diseñó para ti un cuerpo sexual, pero no para que lo malgastes por el mundo como si no valiera nada. ¡El placer erótico es un diseño divino, algo planeado, organizado y ordenado por el Creador! Y no me refiero a su papel como preservador de la especie, sino a su estricta función de gozo y deleite. Ahora, comprende la esencia de cuanto trato de decirte: Dios le da ese regalo a los hombres, Efrén. Un regalo para compartir con su pareja definitiva. Un regalo de bodas.

Me detuve impávido, incrédulo de cuanto estaba leyendo. Era verdad que el orgullo y la autosuficiencia me habían mantenido alejado de toda entidad espiritual, pero también era cierto que yo nunca había hallado comunión con un Dios ajeno a mis impulsos físicos. Ahora me daba cuenta de mi error.

Dejé la carta de Marietta a un lado y fui en busca de la Biblia de mi madre. La hojeé hasta hallar El Cantar de los Cantares. Revisé párrafos al azar:

> **ELLA:** Yo dormía, pero mi corazón estaba despierto... Oí que mi amado llamaba a la puerta... (Cnt 5,2) Él metió la mano por el agujero de la puerta y eso estremeció mis entrañas... (Cnt 5,4)

(¿Metió la mano por..?) Me salté los renglones con avidez. Leí cómo la mujer desnuda bailaba una danza sensual para él. Él la admiraba de pies a cabeza y al fin la atrapaba para llenarla de besos y caricias, describiendo la dulzura de cada parte del cuerpo femenino, y ella se daba completa, diciéndole a su amado que saciara sus deseos... (Cnt 7, 1-10)

Volví la vista sobre las líneas del libro y reflexioné mientras releía. Entonces, ¿aquellas ideas que calificaban al sexo como algo sucio o pecaminoso provenían de personas que malversaban la Palabra amoldándola a su estrechez mental? ¿Los santurrones interpretaban con candidez teológica lo que era vibración pura?

También comprendí, al fin, por qué los jóvenes libertinos rechazábamos a Dios con tal vehemencia: habíamos tomado su regalo por anticipado. Era como si un padre prometiera el obsequio de bodas más extraordinario a su hijo amado y éste, impaciente, lo hurtara para gozarlo antes de lo pactado. Con seguridad, el padre, comprensivo de las debilidades humanas, perdonaría el robo y seguiría amando al muchacho, pero éste, en cambio, no sería capaz de volver a mirarlo a la cara.

La carta de mi hermana terminaba con un párrafo que releí varias veces:

> No sigas rechazando a ese Padre espiritual. Él sabe tus debilidades, te conoce muy bien y perdona todos tus errores del pasado. Sólo tienes que estar dispuesto a cambiar, a entregarle tus actos futuros.

Moví la cabeza, consternado. Era difícil creer que existiera un amor, una bondad de ese tamaño. Tomé la carta y la revisé por frente y vuelta buscando con nerviosismo algo extra. Cientos de dudas se agolpaban en mi mente. ¡Marietta vivió con mi padre, creció a su lado! ¿Dónde habían estado todo ese tiempo? ¿Cómo falleció él? ¿Eran correctas mis suposiciones de que al quedarse sola fue enviada a un orfanato religioso? ¿Y por qué? ¿Por qué la misiva no explicaba más?

Un remolino de emociones azotaba y hacía temblar los cimientos del recinto en que habitaba mi verdadero yo. Me sentía asustado, desesperado. ¿Qué estaba ocurriendo? El concepto de Dios rutilaba en la oscuridad de mi ser. Me asomé por la ventana. Afuera llovía. Si salía a mojarme no conseguiría nada. Me eché sobre la cama; la cabeza me punzaba. Sin saber cómo, me quedé dormido.

Desperté tres horas después. Mi cuerpo parecía estar mejor, pero por dentro, el cúmulo de presión había llegado a su límite. Me incorporé y di vueltas en el cuarto.

Sobre mi escritorio había un paquete con una tarjeta para mí. Lo tomé para revisarlo. ¿Un regalo? ¿Con motivo de qué? Le quité la envoltura. Era un portafolios nuevo como el que yo quería. Salí de la habitación y fui a buscar a mamá. Últimamente mi relación con ella iba de maravilla. Estaba en la cocina preparando algo para comer. Le di un beso y puse el portafolios sobre la mesa.

—Gracias —comenté con voz baja.

—¿Qué te dice Marietta en su carta?

—Consejos muy bellos... tú sabes... para que sepa conducir mi vida amorosa...

—Le platiqué algunas cosas sobre ti... Discúlpame...

—No te preocupes... Estuvo bien...

Entonces aconteció. No pude más. Me di la vuelta cortando la charla al sentir cómo comenzaba la deflagración de mi ser interior. Caminé hacia el cuarto de baño, aseguré la cerradura; las paredes comenzaron a darme vueltas y tuve la sensación de estar flotando. Me miré al espejo aterrorizado de lo que me ocurría. En medio de una gran desesperación; me cubrí el rostro con las manos y me froté las mejillas en un prolongado, tétrico, interminable gemido de dolor. Me puse en cuclillas y comencé a murmurar: "¿Qué me pasa Dios mío? Sólo dime qué me pasa; no entiendo. Dios mío, ¿qué tengo? ¡Ayúdame, Señor..!" Algunos minutos después logré controlarme. La herida estaba abierta y el dolor me mataba, me limpié el rostro con un papel.

Salí del baño y fui a mi habitación. El portafolios que dejé en la cocina había sido devuelto a mi cama. Iba a encerrarme con llave cuando mamá apareció en la puerta. Tal vez en ese momento se decidió toda mi vida. No me preguntó qué tenía. Me dejé caer sobre la silla y la miré deseoso de confesarle lo débil y abatido que estaba. Pero, ¿cómo expresarlo con palabras? ¿Cómo decirle que todo empezó cuando vi la película del aborto, que después de tantas compañeras de amor me sentía el hombre más solo de la Tierra, que ahora, había encontrado a la mujer de mi vida, pero no tenía nada que ofrecerle, que estaba a punto de perderla, que deseaba entregarme a Dios pero no me sentía digno y no sabía cómo hacerlo?

Se acercó a mí y, en vez de hablar, rompí a llorar, primero agachado, refugiado entre mis manos y luego rodeando su

cintura con mis brazos. Mi madre jamás me había visto así...
y era evidente que mi dolor le dolía.

—Efrén, cásate con Dhamar —me dijo—. No tiene sentido
este sufrimiento. El amor se encuentra una vez y no se deja
pasar. Si ella también te ama, no tengas miedo. Van a estar
mal al principio, pero juntos.

—No... No... —Murmuré sin dejar de sollozar—, no estoy
preparado. Necesito tener una posición más sólida, terminar
mi carrera. Desperdicié mucho tiempo y ahora...

—Tonterías, Efrén. Siempre has reprimido tus sentimientos
porque eres frío y calculador, pero no puedes sacrificar tu vida
sólo porque crees que las cosas deben hacerse de un modo
nada más.

Inhalé hondo. El dolor era muy grande y las razones muy
obvias. Me puse de pie, abracé a mi madre con enorme fuerza
y le di las gracias. Era increíble. ¡Increíble! La presión interna
comenzó a descender.

Me dirigí con decisión al teléfono. Busqué el número de
larga distancia y lo marqué temblando. La línea dio el tono
de llamada. Cuando descolgaron, sentí un nuevo temor. Había decidido tocar a la puerta, pero eso no significaba que la
puerta se abriría.

Dhamar no estaba ahí. Me contestó su padre y me dijo que
la podía hallar en dos horas. ¡Dos horas! Fueron las dos horas
más largas de mi existencia. Vi, sentí, viví cada segundo con
el reloj al frente. A los ciento veinte minutos exactos volví a
marcar.

La voz de Dhamar contestó y me quedé paralizado al escucharla.

—¿Bueno? —insistió.

—Soy Efrén.

—¡Hola! ¡Qué gusto oírte! ¿Por qué no me habías llamado?

No podía hablarle de cosas superficiales teniendo algo tan
importante que expresar. Comencé a hacerlo sin soltura,
tartamudeando, mordiendo las palabras, luchando contra el
nudo de la garganta.

—Dhamar... Te hablo para decirte que te quiero para siempre... Que estoy dispuesto a hacer cualquier cosa por ti... El amor *es* o *no es*, ¿recuerdas?

—¿De qué hablas?

—Deseo que seas mi esposa... Sé que no es la manera correcta de pedírtelo, pero no puedo esperar hasta que regreses... Por favor. Han pasado más de quince días sin vernos y en este tiempo, entendí que te quiero a mi lado todos los días del resto de mi vida...

Se quedó callada. Su reacción fue de asombro, de incertidumbre. No se alegró, sólo se sorprendió. Incluso me dio la impresión de estar un poco asustada. Preguntó si yo lo había pensado bien y luego me aclaró que ahora era ella quien debía pensarlo.

—Pero tú me dijiste que te casarías conmigo si te lo pedía.

—Y no me retracto, Efrén... Sólo que...

—¿Qué..?

Silencio.

—¿Cuándo regresas? —le pregunté.

—El próximo domingo, más o menos como a las tres de la tarde. ¿Te parece si lo discutimos entonces?

—Claro —sonreí—. Dile a tu papá que procure llegar puntual. El domingo a las tres de la tarde estaremos esperándote en tu casa.

—¿Estaremos?

—Sí. Mi madre y yo... —apenas pude concluir—: para pedir tu mano...

7

Pruebas antes del matrimonio

Le dije a mamá que Dhamar había aceptado mi propuesta y que el domingo por la tarde nos esperaría en su casa. Sin embargo, yo estaba temeroso no sólo de que nadie nos esperara sino, sobre todo, de que ella estuviese en desacuerdo con mi precipitada petición.

Llegamos a la casa de mi novia cerca de las seis de la tarde. Su hermano menor se asomó por la ventana y de un salto se volvió para dar a grandes voces la noticia de que ya estábamos ahí. Dhamar abrió la puerta. Me sorprendió verla arreglada de forma tan bella. Saludó a mi madre con un beso en la mejilla.

—¿A qué hora llegaron? —pregunté.

—Temprano —me tomó de la mano—. Le comenté a papá que ustedes querían hablar con él y se puso un poco nervioso.

—¿Le dijiste para qué queremos verlo?

—No. Pero se lo imagina.

—Y tú, ¿qué has pensado?

Extendió sus brazos mirándome con ternura.

—Fue fácil decidir...

Mamá fingió no vernos cuando Dhamar y yo nos abrazamos.

La sala estaba elegantemente arreglada. Sobre la mesa de centro había vino y botanas finas.

—¿Y dónde vivirán? —preguntó preocupado el señor una vez que mi madre le habló de manera emotiva y elocuente sobre la razón de nuestra visita.

—He conseguido que cierto conocido de trabajo muy estimado —contestó ella—, nos preste una casa que tenía abandonada mientras los chicos encuentran un departamento en renta.

Dhamar y yo nos miramos. También para nosotros era una novedad.

—No me esperaba esto —dijo el hombre con pesar—. Siempre pensé que ese día todavía estaba muy lejano. Ella no sólo es nuestra hija mayor... Es el ejemplo de sus hermanos, la conciliadora, la líder del hogar... No va a ser fácil vivir separados.

Hubo un estatismo general después de estas palabras. Era mi turno de decir algo. Aún no se había dado el consentimiento y todos deseaban escuchar mi opinión.

—Yo quiero ofrecerle a Dhamar —comencé con una gran tensión—, en presencia de su familia, todos los bienes que pueda obtener con mi trabajo asiduo y honrado. Todavía no tengo muchos, pero los tendré; todo es cuestión de tiempo... No los defraudaré a ustedes, pero sobre todo no la defraudaré a ella, pues es la persona que más amo en la vida —la voz se me quebró un poco—. Edificaremos un hogar lleno de amor, la cuidaré... la defenderé siempre... hasta la muerte si es necesario.

Me puse de pie para entregarle un anillo de compromiso. Nos aplaudieron cuando la besé y, muy a pesar de lágrimas y lamentos de sus padres, fijamos la fecha para la boda en tres meses.

Dhamar y yo comenzamos a hacer los preparativos de forma apremiante. Nunca imaginamos que sería tan complejo, pero pusimos todo nuestro empeño y los problemas se fueron solucionando poco a poco. Sin embargo, hubo algo que inhibió nuestro entusiasmo: el temor de que su prima Joana, al enterarse, cumpliera sus amenazas tratando de perjudicar nuestra unión. Después de todo, había intentado difamarme con mi madre y nada le impediría presentarse, esta vez ante los padres de Dhamar.

Mi prometida y yo le dimos muchas vueltas al asunto. Sabíamos que la revancha de Joana era inevitable y no podíamos pedirle que callara, porque sería tanto como aceptar nuestro miedo a cuanto pudiera decir. ¿Pero cómo evitar el impacto de su venganza ahora que estábamos tan vulnerables y expuestos? La única opción viable que se nos ocurrió fue la de hablar con ella en presencia del doctor Marín. Era un terreno neutral donde Joana se vería forzada a comportarse de forma ecuánime.

Dhamar la llamó para decirle que al médico le interesaba hablar con ella de forma personal; le dejó entrever que era algo relacionado con su última consulta y Joana, preocupada, aceptó acudir a la inesperada cita.

Llegué a la clínica con bastante anticipación. Esa tarde había pocos pacientes. Aprovechamos, antes de que llegara la temida prima, para entrar al despacho del doctor y darle la invitación de nuestra boda.

Asaf Marín no pudo reprimir una enorme sonrisa y nos abrazó cariñosamente.

Sonó el teléfono y Dhamar salió a contestar. En cuanto me quedé solo con el médico, él comentó:

—Me parece tan extraño... —Se acarició el mentón como dudando si decirme o no lo que le había venido a la mente. Tomó la tarjeta de invitación para observarla con detenimiento—. Una vez me dijiste que casarte sería lo último que harías, ¿recuerdas?

—Las personas tienen el derecho a cambiar de opinión.

—¿Y no será que tu nueva forma de pensar se deba a que has entrado con ella a la *luna de miel*?

—¿Cómo dice? —Sonreí—. No le entiendo.

—¿Han tenido relaciones sexuales?

—Más o menos...

—Cuando, habiendo amor, comienza la actividad sexual, empieza también la *luna de miel*.

—¿No se le llama así al viaje de bodas?

—Algunos creen eso. Pero la verdad es que la luna de miel no tiene nada que ver con el viaje, ni siquiera con la boda. La luna de miel tiene que ver con la entrega sexual y el enamoramiento incipiente: Es ese vivir en las nubes, flotando, por las delicias del sexo, atontado por los aromas de la relación amorosa.

—¿Y eso qué tiene que ver con nuestra decisión de casarnos?

—Tal vez nada. Tal vez mucho. La luna de miel es un túnel lleno de sonidos exóticos, de aromas seductores, de colores increíbles. En cuanto la pareja entra a esa cueva pierde la capacidad de percibir la realidad y suele hacer planes de unión eterna...

Me rasqué la cabeza sin acabar de entender.

—Hábleme más de eso.

—En la luna de miel hay un perfume que oculta los verdaderos olores, una música que impide escuchar los sonidos ciertos, un vidrio teñido que no permite mirar de frente al compañero real. ¿Sabes cómo podrías comerte una bazofia detestable? ¡Poniéndole suficiente limón, sal y picante! El verdadero sabor de un encuentro amoroso se disfraza con el fuerte condimento del sexo. A una pareja que ha llegado a obsesionarse por esa explosión física es inútil tratar de hacerla entender los peligros de su unión. Dentro del túnel en el que se encuentran no caben las apreciaciones de otros, no te escucharán pues habrán perdido el oído, no te verán pues habrán perdido la vista... Efrén, la pasión de ese trance es capaz de hacerte creer cosas que no existen y, con base en ellas tomar decisiones trascendentales para tu vida. Pero el túnel no es eterno. Tarde o temprano se sale de él y entonces las personas se dan cuenta de quién es su pareja, junto a quién están durmiendo.

—Es interesante —contesté—. ¿De modo que usted recomendaría no tomar decisiones importantes mientras se esté dentro de ese "túnel"?

—Sí.

—¿Y si ya es demasiado tarde y las cosas deben continuar? ¿Qué ocurre cuando se termina la luna de miel?

—En ese momento, los amantes *siempre* se enfrentan con problemas graves y discusiones serias. Se dan cuenta que el amor verdadero no se sustenta en la pasión: Se construye entre dos personas afines y maduras que se conocen y se aceptan como son. Se afianza con el servicio, con el constante deseo de darse sin condiciones y crece permitiéndole a ambos independencia, libertad, autonomía. Quienes que no estén dispuestos a trabajar, no tendrán nunca el amor verdadero.

Después de la luna de miel, es preciso sustituir el sexo por la voluntad. No siempre se logra. Con frecuencia sobreviene la depresión, la desconfianza, la tristeza; la ira, en sí, de haberse entregado a alguien que no lo merecía. El dolor es similar al de un divorcio, aun cuando la pareja sea soltera.

Tragué saliva. Mi madre era divorciada y en la plática que tuvimos me había transmitido ese sentimiento de dolor, pero lo novedoso para mí era enterarme de que, tanto la luna de miel como el divorcio, podían vivirse sin importar que se estuviera o no casado.

—Dhamar y yo no hemos tenido aún relaciones sexuales completas —confesé—. Convivimos en ese aspecto, pero ella sigue siendo virgen.

El doctor Marín se quedó callado, mirándome. Sabía tan bien como yo que no se necesitaba el coito para aspirar los aromas alucinantes del sexo con amor.

—¿Y por qué se casarán tan rápido?

—Sus padres se irán a vivir a otra ciudad y queremos hacer la boda antes de que eso ocurra.

Los profundos surcos de sus cejas parecieron acentuarse cuando bajó la cara. Algo le incomodaba y, aunque yo no cambiaría mi decisión ante ninguno de sus argumentos, me interesaba conocer todos los puntos de vista de ese hombre a quien había aprendido a querer y respetar.

—¿Pasa algo malo? —pregunté.

—Hay muchos factores externos que suelen acelerar los trámites matrimoniales: La oposición de las familias, una amenaza de separación, un ultimátum de una de las dos personas, una depresión emocional... La combinación de sexo, que funciona como pólvora regada, y un factor externo, que hace las veces de chispa, suele producir las tan comunes explosiones de matrimonios mal avenidos.

Tocaron a la puerta.

—Pase —dijo el doctor.

En cuanto Dhamar entró, todas mis dudas se disiparon. Se acercó para dejar sobre el escritorio la agenda de citas y se sobresaltó cuando, al pasar junto a mi silla, la abracé por la cintura.

—Ésta es la mujer de mi vida. Yo no sé muchas cosas sobre sexo, pero si sé que estoy dispuesto a luchar por ella hasta las últimas consecuencias.

Asaf Marín sonrió y asintió. Dhamar se liberó de la presión de mi efusivo abrazo y se sentó junto a mí.

—¿De qué hablan? —preguntó.

El doctor se adelantó a explicarle:

—De la posibilidad de que su próximo matrimonio sea producto más de la pasión que del amor.

Dhamar se ruborizó al entender que habíamos comentado nuestra relación íntima, pero para mi sorpresa no defendió nuestra postura.

—¿Y cómo podemos saber eso? —increpó.

—Hay una prueba muy simple —dijo el médico—. Faltan casi tres meses para la boda, ¿verdad? Bien, pues en ese tiempo eviten todo contacto físico. No se besen ni en la mejilla, no se den la mano, no se abracen. Si pasan la prueba, tendrán toda la vida para hacerlo. Sólo hablen, discutan, planeen juntos los detalles del paso que van a dar. Si es posible véanse a diario y convivan como los grandes amigos que deben ser. Si sienten que la relación pierde su encanto y sentido al quitarle el contacto físico, entonces significa que no hay amor verdadero: suspendan la boda, aunque sus amigos y familiares los tachen de indecisos. Pero si durante esos tres meses en los que dejarán a un lado el cuerpo, su unión sigue siendo satisfactoria para ambos y se sienten felices uno junto al otro, aun sin el menor roce físico, entonces se trata de algo superior. De un amor que debe unirse en matrimonio.

Mi novia y yo giramos la cabeza para mirarnos.

—Es un reto interesante —dijo ella.

Me encogí de hombros.

—¿Esa es la verdadera prueba de amor? A mi juicio no hace falta hacerla, pero si tú quieres...

Al ver a su jefe, con quien ella tenía pocas oportunidades de conversar, dispuesto a darnos sus mejores consejos, Dhamar aprovechó para preguntarle:

—¿Cuáles son las características que deben tener dos enamorados para que su unión perdure?

El doctor Marín contestó con otra pregunta:

—¿Recuerdas el número de nuestra revista dedicado al noviazgo?

—Sí. Hablaba sobre intimidad emocional, afinidad intelectual y atracción química.

—Muy bien. Esos son los primeros puntos, pero hay otros tres a considerar. Dos personas que deseen unir sus vidas deben tener: A) Temperamentos opuestos; B) Estilo de vida similar; C) Realización independiente.

Extrajo del cajón central de su escritorio una carpeta con documentos impresos.

—Algunas de estas consideraciones son de la doctora Joyce Brothers —aclaró—, y yo las he ratificado y complementado a lo largo de muchos años de entrevistar cónyuges en crisis. Analicemos el inciso A: Si tu TEMPERAMENTO es tímido, te conviene enlazarte a alguien extrovertido; el derrochador debe hallar contrapeso en una pareja ahorrativa; el competitivo sólo será feliz al lado de alguien cooperativo; el reservado estará muy bien con la comunicativa, etcétera. Dos personas con caracteres iguales chocarán a cada paso. En cambio, si se es opuesto en temperamento, ambas se complementarán y enriquecerán mutuamente.

—Muy bien —dije entusiasmado—: Dhamar es muy formal y yo suelo ser más alegre. A mí me gusta hablar en público, contar chistes en las reuniones y a ella le aterra la idea de que la gente guarde silencio para escucharla. Yo soy arrebatado y ella prudente...

—Una de las cosas que más me atraen de Efrén —completó Dhamar—, es su carácter tan distinto del mío.

—De acuerdo. Si tienen temperamentos opuestos empezamos bien. El inciso B, es el ESTILO DE VIDA SIMILAR. En este

153

punto influye mucho el ambiente socioeconómico de las dos familias de las que se proviene. Mientras más se parezcan sus hogares anteriores, más compatibles son ustedes en hábitos. Al tener formas de vida análogas estarán de acuerdo en las cosas más importantes: la educación de los hijos, cómo y dónde vivir, qué comer y en qué forma, cómo pasar el tiempo libre juntos... Habrá problemas si uno fuma, toma o juega y el otro no; si sólo uno es naturista o vegetariano; si sólo uno lleva su religión; si sólo uno es deportista; si uno detesta el encierro y el otro adora las cuatro paredes de su casa...

A Dhamar le preocupó algo y trató de aclararlo:

—¿Qué importancia tiene la religión en los esposos?

—Muchísima. Las estadísticas dicen que los matrimonios más felices y duraderos son los que comparten el mismo credo y conllevan un desarrollo espiritual similar. Parecerá un detalle nimio, pero es la mejor garantía de que todo irá bien.

Mi novia se quedó callada y bajó la cabeza. Eso significaba que nuestra felicidad de ninguna forma podía estar garantizada. Quise hablar, decirle que no tuviera miedo, que algo muy grande había ocurrido en mi interior cuando estuvimos separados por la distancia. Ella aún no estaba enterada de aquel quebranto espiritual, del huracán interno que derrumbó mi egolatría desde sus cimientos, del encuentro con la carta de Marietta, de esa humildad que había sofocado mi autosuficiencia para siempre. Pero como tardé mucho en intervenir, el doctor continuó explicando:

—El inciso C y último es la REALIZACIÓN INDEPENDIENTE. Cada cual es un individuo autónomo y debe tener sus metas personales, sus actividades creativas y, aunque todo lo realicen juntos, ambos deben luchar por ellas separadamente. Cuando uno de los cónyuges pone su felicidad y realización en función del otro, se crea una relación asfixiante y pueril, similar a la que tiene un niño con sus padres.

El doctor se detuvo en espera de algún comentario, pero, al menos yo, me estaba esforzando más por comprender que por opinar.

—Recapitulando los tres incisos —concluyó—, el retrato de una pareja perfecta para casarse sería: dos personas con *caracteres opuestos, con hábitos de vida parecidos,* cuyas familias paternas sean similares en cultura, con la misma religión, desarrollo espiritual aproximado, y *cada una con su profesión y objetivos de realización individuales.*

—Aunque es muy interesante —dijo Dhamar—, si se tomaran en cuenta tantos requisitos sería muy difícil hallar pareja.

—Claro, linda —contestó el doctor—. Pero si fueses a arriesgar todo tu capital en una empresa asociándote con otra persona, la analizarías fríamente, harías un contrato cuidadoso y pondrías mucha atención antes de estampar tu firma, ¿no es cierto? Pues el matrimonio es esa empresa y más. El amor jamás hará todo por sí solo cuando falten los elementos básicos que acabamos de comentar.

—¿Y el sexo? —Inquirió ella—, ¿no se le ha olvidado? Dicen que la causa principal de los fracasos matrimoniales es la falta de acoplamiento sexual.

—Eso dicen, pero no es verdad. Ciertamente el mal engranaje sexual produce separaciones maritales, pero está muy lejos de ser la causa principal. Ustedes no se imaginan cómo las parejas que se aman, luchan y triunfan frente a alguna disfunción psicosomática y cómo, por el contrario, los cónyuges en los que no hay amor profundo, aun cuando pudiesen acoplarse en el aspecto físico, hacen del sexo un acto egoísta y detestable para terminar separándose, según ellos, por esa causa. El amor marital es algo que se APRENDE con más esfuerzo y tenacidad del que se necesitaría, por ejemplo, para aprender a tocar el piano. Entiendan esto de una vez: una buena relación sexual no hace al matrimonio, y una mala tampoco lo destruye...

—Pero es cierto que algunas parejas tienen problemas en la cama, ¿no? —intervine—. Para identificarlos a tiempo, los maestros recomiendan el sexo prematrimonial.

—¿*Algunas* parejas tienen problemas en la cama? —Repitió el doctor Marín—. Te equivocas: ¡todas los tienen! No hay un solo matrimonio que no se haya enfrentado con trabas en la práctica sexual. Pero esas trabas sólo se convierten en puntos de ruptura cuando falta el respaldo emocional. Con verdadera comprensión, ninguno de los dos presiona ni exige al que está fallando. Tomados de la mano en un ambiente de complicidad, luchan juntos y, a menos que se trate de dificultades funcionales, que son raras, resuelven sus problemas siempre... De modo que "hacer la prueba" para medir la compatibilidad antes del matrimonio es ilógico e innecesario. Los profesores que lo recomiendan suelen ser jovencillos intelectualoides más morbosos que bien intencionados. La experiencia erótica de los solteros es sólo una sombra, una caricatura de la verdadera problemática a la que se enfrentarán de casados. Y, en caso de detectar algún inconveniente sexual, éste no sería una razón tan significativa como para decidir si deben casarse o no...

—Entonces, ya que no es el sexo el principal motivo de los problemas en el matrimonio, ¿cuál es? —pregunté.

—Las primeras y más comunes causas de riña son tan vulgares, tan poco románticas, que te van a desilusionar: la lucha por el poder y los desacuerdos sobre el dinero. Algunas de las preguntas de mayor conflicto que se plantean en un hogar son: ¿Quién tiene mayor autoridad? ¿Quién sabe más? ¿Por qué derrochas el dinero? ¿Cómo es posible que no ganes más? ¿Ya te diste cuenta de todos tus errores? ¿No te importa dar un mal ejemplo a tus hijos? ¿Por qué me contradices frente a la gente? ¿Eres tú quien manda o soy yo..?

No pude evitar sonreír. ¡Dinero y poder! En verdad eran cosas vulgares, nada comparables con la sublime idea de que el sexo fuese el principal motivo de los problemas.

—Las discusiones sobre autoridad y economía —comenté en son de broma—, se acabarán cuando el "sexo débil" deje de ponerse al tú por tú con el "fuerte".

Dhamar giró por completo para mirarme frunciendo el ceño. Yo sonreía artificial, enseñándole la dentadura como un mico.

—Los hombres son más débiles —se defendió ella—. Exageran sus dolencias, se cansan más rápido con las tareas cotidianas y no soportarían el trauma de un parto. Desde el nacimiento se ve: los bebés masculinos enferman y mueren en mucho mayor porcentaje que los femeninos; las niñas, desde la primaria, son más suspicaces, rápidas, ordenadas y creativas que los niños.

—Pero de mayores, ¿qué tal? —Pregunté—, los varones...

—Alto —interrumpió el doctor Marín—. Han tocado un punto básico de las relaciones humanas. Dhamar tiene razón: Las mujeres son más fuertes que los hombres. Incluso en el aspecto sexual. Ellas son capaces de tener encuentros íntimos mucho más prolongados y satisfactorios sin sentirse agotadas; ellas viven más en promedio, enferman menos, son más intuitivas, se adaptan y sobreviven más fácil; son, en potencia, mucho más sensibles y...

—Entonces ¿por qué no son las dueñas del mundo? —interrumpí.

—Por un factor muy simple, Efrén. Algo pasa con esas niñas brillantes en cuanto entran en la adolescencia; su organismo comienza a bombardearlas con hormonas poderosas que les producen un desequilibrio emocional cíclico. Cuando estés casado te sorprenderá que tu compañera cambie de humor, haga cosas incomprensibles, llore por asuntos que considerarás tontos, se emocione por detalles extraños para ti, pero jamás deberás echárselo en cara. Algunos maridos califican a sus esposas de inestables porque no comprenden sus cambios hormonales, pero las mujeres no tienen la culpa de cuanto les ocurre. Muchas se han dado cuenta de que deben aprender a controlarse en las crisis, hacer deporte durante ellas, entregarse al arte, aceptar la soledad y recobrar las fuerzas. El varón nunca dominaría a una mujer, pero las hormonas lo han hecho. Les han dado el romanticismo, el instinto maternal, la sensibilidad extrema y con ello las han dejado en desventaja para la guerra del poder. Esto puede parecer injusto; sin embargo, es un designio de la Naturaleza porque sólo los seres superiores, como ellas, son indicados para realizar la tarea máxima del ser humano: dar a luz, criar y educar a un niño...

Vi a mi prometida sonriendo ligeramente. El doctor se puso de pie y echó un vistazo a su reloj de pulsera.

—Por lo visto Joana no vendrá.

—Lo olvidé —dijo Dhamar—. Habló para posponer la cita.

—Ni hablar —y cambiando de tema preguntó en tono afable—, ¿adónde se irán de viaje de bodas, si no es indiscreción?

Dhamar y yo nos miramos sin contestar. A decir verdad no teníamos presupuesto para eso.

—Ce... cerca —titubeé—. Todavía estamos pensándolo.

—¿Por qué no me permiten ser su padrino de viaje de bodas?

—¿Y qué es eso..?

—El que paga los gastos.

Dhamar se puso de pie y lo besó.

A mi vez me incorporé y le di la mano, pero el doctor me atrajo hacia sí y me dio un fuerte abrazo.

8

La noche de bodas

No obstante que el futuro prometía grandes sorpresas, la alegría se negaba a fluir de forma natural en mi fuero interno. Había un cabo suelto que hacía las veces de espina indefinible clavada en mi corazón: Jessica...

En un acto de ingenua sinceridad se lo compartí a Dhamar. Le platiqué de forma sucinta todo lo relacionado con Jessica. La historia le cayó como chapuzón de agua helada. Palideció y no dijo nada.

—Debo buscarla —comenté—. Jessica desapareció de mi vida después de que le di el dinero. Quizá no tuvo el valor de abortar; quizá el embarazo se malogró por alguna otra razón; quizá nunca estuvo embarazada —me puse de pie y tomé las llaves del auto—. ¡Tengo que saberlo, ver en qué puedo ayudarla, pedirle una disculpa... no sé... al menos hablar con ella!

Subí a mi recámara por la libreta de domicilios y teléfonos. Cuando bajé, Dhamar seguía sentada en la sala con la vista perdida.

—Quiero acompañarte —susurró.

En el camino permaneció en silencio, absorta en sus pensamientos. Al llegar a la casa de Jessica, sólo yo bajé del coche.

Toqué la puerta. Un anciano abrió. Me informó que había rentado el inmueble hacía tres meses y que ignoraba adónde se habrían ido los inquilinos anteriores.

Le di las gracias y busqué el directorio de mi celular; marqué los números de varios amigos que conocían a Jessica. Ninguno me dio señales de ella. Nadie conocía su paradero. Lo más que pude obtener fue el dato de que había abandonado la universidad poco tiempo atrás. Pasé más de treinta minutos afuera de esa casa haciendo llamadas. Intenté por todos los medios saber de ella, pero fue inútil. Si alguien pudo darme información, no quiso hacerlo...

Caminé hacia el automóvil desmoralizado. Dhamar se veía más tranquila.

—Es muy doloroso enterarme de todo esto —me dijo—. Pero sería más doloroso que me lo ocultaras...

Fuimos a la iglesia local para definir algunos detalles de la boda que habían quedado pendientes con el párroco. Entramos al recinto y al mirar el enorme y silencioso templo, nos quedamos de pie, inmóviles... Le pedí a Dhamar que me ayudara a orar. Deseaba hablarle a Dios, pedirle por aquella joven, por su hijo incierto, por que ambos estuvieran bien.

Mi novia me tomó ambas manos y se puso de rodillas. La imité. Cerró los ojos tocando su frente con la mía y comenzó a rezar muy despacio. No quise levantar la mirada porque me sentí indigno. Dejé que ella intercediera por mí. Ignoro si funcionó, pero de una cosa pude estar seguro: en ese momento algo muy profundo cambió entre Dhamar y yo.

Saliendo de la iglesia, me comentó:

—Te he notado muy extraño... Desde que regresé del viaje te has comportado... no sé... diferente.

Me senté en una banca de piedra y le pedí con una seña que se sentara a mi lado. Obedeció sin poder disimular su deseo de escucharme.

—Cuando te fuiste, sufrí mucho —comencé—. Esos días significaron una pequeña muestra de lo que sería mi vida lejos de ti. Enfermé. Tuve un colapso nervioso... En mi delirio comprendí que era en verdad singular la forma en que Dios se comunica con los hombres: a su tiempo, por medio de casualidades o a través de la voz de otros seres humanos... y entendí también que mi tiempo había llegado. Era como si fuerzas superiores me hubiesen estado presionando, desde meses atrás, para que levantara la cara. Y por último me enfrenté con algo inesperado: una carta de mi hermana.

—¿Cómo? ¿Marietta te escribió..?

—Sí —extraje el sobre de la bolsa de mi camisa. La tomó con precaución, como alguien a quien se le confiere el cuidado de un tesoro.

—¿Puedo leerla?

—Por supuesto... Debes hacerlo. Este escrito estuvo cerca de mí justo al instante de mi quebranto espiritual. Cuando decidí que debía casarme contigo, sentí una paz interior que sólo Dios puede dar. Desde entonces todo lo veo distinto: Por las noches visualizo el día en que llegaré al altar tomado de la mano de quien ha de ser mi compañera para siempre. Cuando eso ocurra, me uniré a ti, receptivo a la presencia de Dios. No quiero que hagamos de nuestra boda un formulismo social. Ahora creo que casarse es entregarse públicamente al Señor, una muestra con testigos de la humildad como pareja, un verdadero acontecimiento en el que debe sentirse la caricia inigualable de un padre celestial, infinitamente amoroso, que nos conoce muy bien, que perdona todos nuestros errores y que nos honra con la promesa de acompañarnos en esa extraordinaria aventura.

Dhamar me miraba con los ojos muy abiertos en un gesto de asombro superlativo.

—No lo puedo creer —susurró apenas.

Los días siguientes pasaron muy rápido.

Seguimos al pie de la letra las instrucciones del doctor Marín: durante casi tres meses no nos tocamos.

Los cuerpos jóvenes se recrean tanto con el contacto físico, que el experimento para medir si se trataba de amor verdadero nos pareció una contundente prueba de fuego. Era obvio que si todos los novios la hicieran, la mayoría terminaría dándose cuenta que sólo sus cuerpos se amaban. En nuestro caso comprobamos que, aunque teníamos mucho que aprender el uno del otro, existía una atracción superior, un magnetismo que iba más allá del sexo, más allá incluso de nuestras mentes y voluntades.

Todo lo anterior contribuyó a que la boda por la Iglesia fuese un acontecimiento maravilloso. De rodillas frente al sagrario, rozando el costado de la mujer a quien me estaba enlazando en matrimonio, los ojos se me llenaron de lágrimas. Reviví sin querer el daño que causé a tantas muchachas y el rencor que abrigué hacia mi madre durante años. De nuevo me sentí pequeño e insignificante ante la presencia divina, pero esta vez estaba deseoso de limpiar toda mi inmundicia... Entonces yo, que no me había sentido digno, yo, que no había sabido cómo hacerlo, me entregué total e incondicionalmente a Dios. Pidiendo perdón le ofrecí mi cuerpo, mis bienes materiales, mi vida entera... Sentí que Él nos miraba y cuando el sacerdote levantó la mano para bendecirnos, percibí que mi esposa estaba llorando y me apretaba el brazo con fuerza.

El padre de Dhamar no logró hacer el negocio foráneo que tuvo en mente y, con el dinero ahorrado al cancelar su cambio de residencia, organizó como recepción de nuestra boda una gran fiesta. Echó la casa por la ventana. Hubo vinos exóticos, viandas extrañas, dos orquestas que tocaron alternadamente las piezas más escogidas; dijo un discurso conmovedor y el doctor Marín hizo el brindis de forma jovial pero sustanciosa.

A mí siempre me divirtieron las costumbres tradicionales de correr por todo el recinto al són de "la víbora, víbora de la mar", arrojar el ramo, cargar al novio entonando la marcha fúnebre y aventarlo por los aires como muñeco de trapo, pero después de ser la víctima directa de tan singulares procedimientos, no volví a juzgarlos como gratos.

A las ocho de la noche Dhamar y yo comenzamos a despedirnos de los invitados. Teníamos boletos de avión al Caribe y necesitábamos cambiarnos la ropa de boda por atuendos más propios para la ocasión.

Nos acercamos a nuestro padrino de viaje de bodas. Le dimos las gracias por todo y lo abrazamos con fuerza.

El hombre parecía cansado y viejo, pero en su alegre mirada no dejaba de asomarse una sincera muestra de optimismo.

En los últimos días, sus problemas se habían agudizado. Dhamar me dijo que vendió la clínica. Sentí tal cariño por ese hombre que tuve el intenso deseo de poder brindarle alguna ayuda, pero ¿ayuda de qué tipo? Sus problemas eran secretos.

—¿Qué piensas, Efrén? —Me preguntó el doctor Marín—. Te has quedado muy serio.

Y para no parecer misterioso me atreví a formularle una pregunta que había pensado hacerle antes de irnos:

—Usted nos ha enseñado mucho. Estamos a punto de partir a una nueva vida y quisiera oír de sus labios un consejo más. Algo para recién casados.

El médico reflexionó unos segundos y cuando iba a comenzar a hablar, mi esposa lo interrumpió:

—Alto, doctor. No nos diga nada sobre amor, comprensión o psicología. Háblenos de sexo. Usted es un terapeuta sexual y nunca nos ha dado un consejo de esa clase.

No pude evitar reírme por la agudeza de Dhamar. La abracé por la espalda. El doctor también sonrió.

—Muy bien —nos dijo—, pero antes les voy a hacer una pregunta individual. ¿En la relación sexual creen que lo fundamental es satisfacer a la pareja o satisfacerse a sí mismo?

—Yo pienso —me apresuré a contestar—, que lo principal es satisfacer al compañero. Pensar sólo en uno mismo sería usar a la otra persona como objeto para lograr un placer egoísta. Dicen que no hay mujeres frígidas sino hombres torpes...

—¿Y tú, Dhamar, qué opinas?

—Igual que Efrén.

—Pues me alegra que me hayan pedido un último consejo, porque están en un error. Tan malo es actuar egoístamente, sin tomar en cuenta los sentimientos del otro, como concentrarse sólo en que el compañero disfrute. El verdadero placer sexual se da en el punto medio. No deben preocuparse por los resultados, ocúpense sólo de su entrega total, sin inhibiciones ni técnicas. Busquen *su propio* placer y con ello estarán proporcionando a su pareja el mayor deleite. No hay para un hombre algo más sensual que sentir entre sus brazos a su mujer disfrutando. Y a ella nada la excitará más que experimentar de cerca el ardiente placer de su hombre. En la medida en que tú goces harás gozar a tu compañero. Únanse pensando en el otro, pero sin altruismo heroico, sintiendo plenamente, entregados al momento presente, haciendo a un lado temores y dudas. Dejen que sus cuerpos se fundan en uno sin que estorben prejuicios, formulismos o maniobras y verán cómo ellos sabrán lo que tienen que hacer.

En ese momento se acercaron a nosotros los tíos abuelos de Dhamar para felicitarnos. La orquesta tocó un vals y los caballeros se formaron para bailar con la novia, mientras las damas se dieron prisa en pedirme un fragmento de la pieza.

Joana y su madre, llegaron al convite bastante tarde. Por fortuna el militar agresivo no las acompañaba. Nunca supimos en qué paró lo de su enfermedad ni lo de sus reclamos y amenazas, pues no acudió a las citas del doctor. Sólo desistió de molestarme. Fingí no verlas y Dhamar también las ignoró.

Cuando el baile terminó, tuvimos que apresurar nuestra despedida y ya no nos fue posible decir al doctor más que un adiós desde lejos.

Mi madre nos abrazó muy fuerte en la puerta de salida y lloró con una mezcla de alegría y pena. Me prometí no dejarla sola, aunque estuviera casado. Dhamar, mientras tanto, se despidió de sus padres.

—¡Déjenlos ir! —Se escuchó una voz entrometida de mujer—, se les hace tarde.

Y tomando de la mano a mi esposa, sin volver la vista atrás, bajamos corriendo las escaleras hasta el vestíbulo donde nos esperaba el chofer.

Nuestra noche de bodas estuvo cargada de intensas vibraciones.

Como la Sulamita de *El Cantar de los Cantares,* Dhamar se presentó en la habitación con ropa transparente. Como el rey David me acerqué a ella admirando su belleza y la tomé con ardor entre mis brazos. Mi esposa se dejó tocar, besar, acariciar y desbordó un entusiasmo, sensualidad e imaginación que nunca esperé de ella.

Con la visión que me permitía el haber conocido la conducta sexual incipiente de otras chicas, me asombré mucho de que Dhamar no tuviera las aprensiones y complejos que muchas de las mujeres más experimentadas me demostraron. Su entrega estuvo motivada por una energía amorosa que yo desconocía... y me sentía mal por ello... muy mal. Traté de hacer caso al último consejo del doctor Marín: Borrar mi cinta. Dejarme llevar, olvidando las ideas aprendidas con otras mujeres para aprender desde cero otras nuevas con mi esposa, pero no lo logré. ¡Cuando creía estar listo para la noche más romántica de mi vida, me di cuenta con terrible desilusión que yo ya había hecho eso antes, muchas veces y que aquellas experiencias insulsas, como un veneno en mi alma, se empeñaban en robarle el encanto a ésta! El sistema sexual de Dhamar estaba limpio, intacto; para ella todo era novedad. El mío, en cambio, estaba ensombrecido por las cicatrices de muchas fornicaciones sin amor. Sin embargo, quizá por eso, la deseaba más que a nadie en el mundo, sentía una apremiante desesperación por fundirme en ella, por purificarme mezclando su candidez con mi hastío. Necesitaba su cuerpo virgen, su alma de niña... Esperando que no se diera cuenta de mi trauma, actué de la forma más relajada posible, pero, contra mi voluntad, las técnicas y costumbres sexuales se hacían presentes a cada paso. Viéndolo con los ojos del raciocinio, yo era un amante experto; pero viéndolo con los ojos del corazón era un pobre diablo. Involuntariamente me acordaba de escenas que ensuciaban el momento; comparaba el cuerpo de mi esposa con otros cuerpos; me perseguían los detalles de antiguos actos sexuales; se me fijaba en la mente, como una película de repetición continua, el encuentro íntimo con Jessica y la presencia insustancial de un bebé... muerto.

Es cierto que fui bastante diestro en desflorar a mi esposa sin dolor y que con cierta facilidad logré llevarla al éxtasis, pero también es verdad que mis movimientos no fueron como los de ella, espontáneos, naturales, legítimos... ¿Era lógico lo que me ocurría? ¡La mayoría de los hombres acumulan experiencias y técnicas antes de casarse! ¡El sexo prematrimonial es el deporte más popular! ¿Por qué ningún libro habla de las secuelas psicológicas que eso puede dejar? ¿Por qué no nos lo advierte nadie? ¡La *basura de reminiscencia* del doctor Marín era verdad! Me sequé el sudor de la frente. ¡Dios mío, era verdad!

Abracé a Dhamar con mucha fuerza tratando de comunicarle a través de los poros de mi piel la manera en que la necesitaba, pero me sentí triste cuando todo terminó.

Me prometí buscar al doctor para preguntarle cómo podía solucionar ese delirio de persecución que me causaba el ayer. Entonces me deprimió acordarme que había vendido su clínica.

Me acosté y cerré los ojos. Dhamar tardó mucho tiempo en conciliar el sueño. Tuvo su luz encendida un buen rato mientras escribía o leía algo, pero me fingí dormido para evitar explicarle la pena que esa entrega desigual me había causado.

Al día siguiente, me despertó la luz del sol tropical filtrándose por las persianas. Mi esposa, acalorada había echado a un lado las cobijas y desnuda, boca arriba, con la dulce serenidad de una ninfa que duerme, me pareció más hermosa que nunca. No quise importunar su sueño, a pesar de que ardía en deseos de abrazarla.

Sobre su buró vi una hoja doblada, escrita a mano por ella la noche anterior. Me incorporé despacio y tomé el papel para leerlo.

Decía:

Efrén:

Acabas de depositar tu cabeza en la almohada. Te observo acostado, cubierto por la sábana de satín. Imagino cuanto tiempo nos tomará conseguir dejar atrás el pasado que aún te persigue. Pero lo lograremos. Te lo aseguro. Cuentas conmigo. Hoy y siempre... Y quiero que sepas que no te reprocho nada. Que no siento celos retrospectivos y que soy tuya para toda la vida. Por otra parte necesito decirte cómo y en qué medida te amo. Eres un gran hombre, Efrén. Sensible, tierno, bondadoso, varonil, inteligente. Y me siento muy feliz de haber logrado aguardar para ti. Especialmente porque sé que tú sabes valorar eso.

Muchas veces me vi presionada y hasta empujada a tener sexo: rechacé incontables oportunidades. En realidad fue muy difícil esperar sin saber por qué o para quién, pero ahora que te tengo, no sólo no me arrepiento sino que me siento muy satisfecha de haberlo logrado.

¿Sabes? En este inmensurable enamoramiento, sintiéndome loca por ti, he deseado tener muchas cosas para darte, pero no soy rica, ni tengo nada material con qué demostrar mi absoluta entrega, y... Hace unos minutos me di cuenta con gran regocijo que tú no me pedías nada, no querías nada de mí excepto a mí... Me agradó observar tu ansiedad, tu mirada profunda, tu palpitar cardiaco. Fue hermoso sentir la desesperación de tus abrazos, la fusión de mi piel con tu piel. Te amé como nunca al entender que estaba en posibilidad de darte lo que tú más deseabas: mi cuerpo entero, completo, sin manchas, sin vestigios.

Eso, para mí, ha justificado el sacrificio de esperar...

Esta noche ha quedado grabada con fuego en mi vida porque a mi vez gocé de ti, disfruté plenamente sabiendo que he de vivir contigo esta experiencia cientos de veces más y, aunque las próximas lleguen a ser mejores, siempre habrá sólo una primera vez...

Cuando acabé de leer la carta, ella se había despertado.

—¿Por qué tienes los ojos tan rojos? —Me preguntó—, ¿estás llorando?

9

Consejos para recién casados

Acudimos con el terapeuta sexual sustituto del doctor Marín para pedirle ayuda profesional. Era un desconocido y nos costó mucho trabajo sincerarnos con él. Le hablé de mi falta de relajamiento y espontaneidad en la cama, le confesé que cada vez me era más difícil satisfacer a mi esposa, pues mi distracción la distraía a ella y le expuse mi problema de eyaculación precoz.

El doctor nos recomendó algunos ejercicios.

—¿Lograré superar esto? —le pregunté preocupado.

—Si ella te ayuda, sí. Pero deben tener paciencia. No será fácil ni rápido.

—¿Es común lo que me pasa?

—Mucho más de lo que se imagina. La mayoría de los recién casados tienen problemas parecidos.

—¿Por qué?

—Porque cargan consigo su pasado.

—Doctor —comenté—, los jóvenes solteros creen que los únicos enemigos *reales* del sexo libre son las enfermedades venéreas y los embarazos indeseados. Nadie sabe, ni le interesa saber, sobre disfunciones futuras.

—Hasta que están casados...

Mi esposa, que había permanecido callada, preguntó:

—¿Qué quiso decir con eso de que no será fácil ni rápido? ¿Cuánto tiempo nos llevará superar todos esos problemas?

—Es difícil predecirlo. Tal vez un año.

—¡Un año! ¿No es demasiado?

—Desconocemos qué tan profunda es la lesión psicológica. Algunas parejas tardan tres o cuatro años en rehabilitarse...

El último comentario me aniquiló. Era doloroso, vergonzoso... Pero mi esposa me brindó su apoyo y comprensión. Teníamos toda una vida por delante, me dijo... Juntos lograríamos cuanto quisiéramos hacer. La clave estaba en no perder nunca la comunicación y la buena voluntad.

Mis ingresos resultaron insuficientes para sufragar los gastos de la nueva casa. Dhamar siguió trabajando: la clínica de terapia sexual cambió de director, pero no de secretaria principal. En mi empleo, solicité un aumento de jornada, me inscribí en el sistema abierto de la universidad para estudiar por mi cuenta los fines de semana y terminar mi carrera sin asistir a clases.

Amaba tanto a mi esposa y me sentía tan en deuda con ella, que todos los días le llevaba un regalo, aunque fuera pequeño, y ella cooperaba con gran dulzura y entusiasmo en la terapia sexual. Nuestros problemas eran "nuestros" y teníamos los elementos para enfrentarlos; sin embargo, una traba imprevista comenzó a enturbiar la atmósfera de ese incipiente hogar: la influencia negativa de las familias políticas.

Una noche, después de haber reñido porque ella no toleraba que yo hablara mal de su madre, recibimos una llamada telefónica inesperada. Dejamos que el aparato sonara varias veces sin que ninguno de los dos nos atreviéramos a levantarlo. Temíamos que fuera una más de las inoportunas y empalagosas llamadas paternas.

Dhamar se sentó al borde de la cama emitiendo un largo suspiro y contestó desganada:

—¿Bueno?

De inmediato abrió mucho los ojos y se puso de pie haciendo grandes aspavientos para que corriera a escuchar por el otro aparato.

—Es el doctor Marín —indicó.

Me dirigí de prisa a la habitación contigua y levanté la bocina.

—Qué gusto oírlo, doctor —continuó Dhamar—. En la clínica nadie sabe de usted. ¿Dónde ha estado todo este tiempo?

—Viajando —contestó—. ¿Y ustedes cómo han estado?

—De maravilla. El matrimonio, como usted dijo, es una aventura llena de sorpresas.

—¿Buenas o malas?

—Más buenas que malas.

—Me he tomado la libertad de llamarlos por dos razones. La primera, comentarles que me voy. En estas semanas he visitado varios lugares y he escogido uno para mudarme definitivamente.

—¿Adónde irá? —pregunté interrumpiendo por la otra línea, con evidente desazón.

—Hola, Efrén. Me alegro que estés escuchando. Mi nueva casa será muy pequeña —hizo una pausa como dudando—, y está muy lejos de aquí... En un sitio montañoso.

Creí que era una broma... Pero la voz del doctor Marín se escuchaba más grave que nunca.

—¿Está hablando en serio? —preguntó Dhamar con sincera incredulidad.

Sabíamos que el doctor amaba la naturaleza y era un tanto místico, pero nunca supusimos que a tal grado.

—He trabajado mucho. Mi vida ha sido demasiado agitada. Ustedes no se imaginan —y se quedó callado por unos segundos—. Por eso he vendido todo y me marcho. Tengo algunas aficiones (¿u obsesiones?), que se realizan mejor en soledad y cerca del campo. Voy a controlar la locura de mi existencia y realizar mis más atrevidos sueños. Siempre hice cuanto conviene a la vista de otros. Ahora haré lo que quiero hacer. No me importa que me tachen de demente... Incluso a muy poca gente le he dicho lo que pretendo.

—¿Cuándo se va, doctor? —preguntó mi esposa dejando de poner en tela de juicio sus palabras.

—El próximo sábado. Esa es la segunda razón de mi llamada, quiero hacerles una invitación para despedirnos en persona.

—¿Dónde nos vemos? —pregunté sin disimular mi ansiedad.

—En esta casa —y de inmediato reparé en que no dijo "en mi casa"—. Me gustaría que vinieran a cenar mañana...

—Por supuesto —contestó Dhamar—. ¿Nos puede dar su dirección?

Salté para tomar hoja y pluma. Anoté los datos con cuidado, nos despedimos de nuestro amigo y depositamos los aparatos con cierto dejo de extrañeza. Era difícil creer algo así. ¿El empresario soñaba con convertirse en gurú? ¿El médico citadino se dedicaría al campismo empírico? ¿El científico, al arte natural? ¿Qué clase de locura era esa?

Mi esposa y yo evitamos comentar nada, pero ambos tardamos mucho en conciliar el sueño.

En la casa del doctor no se veían paquetes, maletas ni ningún otro indicio que confirmara su mudanza. Por el contrario, la acolchada alfombra impecable, la luz tenue, la música de Mozart y el delicioso olor a queso fundido daban al recinto un acogedor ambiente hogareño.

—Pasen —nos indicó alegre después de saludarnos. Dhamar y yo nos movimos con cierta reserva. El sitio era amplio, de una elegancia y distinción a la que no estábamos acostumbrados—. ¿Les costó trabajo llegar?

—No —contesté con excesiva formalidad—. Las indicaciones que nos dio eran muy claras.

—Tomen asiento, por favor. Ahora vuelvo. Dejé calentando una pizza en el horno.

Mi esposa y yo nos adelantamos con pasos cortos hacia la sala blanca y nos sentamos al borde de los sillones de piel.

Miramos alrededor sin decir nada.

Sobre el marco de la chimenea nos sonreía la fotografía de una mujer rubia de mirada dulce y labios sensuales. En el ángulo inferior derecho del papel brillante había una inscripción escrita con tinta roja, sesgada y bella caligrafía de mujer. Le di un leve codazo a mi esposa para que la viera.

—¿No que el doctor era virgen? —le susurré.

A Dhamar le fue imposible contener una carcajada; se tapó la boca y bajó la cabeza para reír. Yo me puse de pie sonriendo.

La pared del vestíbulo estaba adornada con un par de cuadros en tonos blancos y negros pintados al carbón. Los miré de cerca. La sonrisa se me borró del rostro.

—¿Te gustan? —preguntó el doctor Marín saliendo de la cocina.

—Me parecen familiares.

—Tu madre hizo favor de traducirme un par de libros y yo le obsequié algunos cuadros parecidos.

Me quedé callado. Yo sabía que mamá había sido paciente del doctor. Ni más ni menos fue a través de una tarjeta que ella poseía como yo lo conocí... Me aclaré la garganta. Todo estaba bien, pero no dejaba de incomodarme la idea de que mamá hubiese estado sometida a algún tipo de terapia sexual.

—¿Quieren tomar algo? —preguntó el dueño de casa.

—Refresco —contestó Dhamar por los dos.

Al volver a sentarme quedé mucho más cerca del cuadro de la joven rubia.

—Pero cuéntenme —dijo nuestro anfitrión—. ¿Cómo va el matrimonio?

—Muy bien —respondí—. Mejor de lo que podría esperarse.

—Vamos —se acomodó frente a nosotros como un amigo íntimo—, a mí no deben tratar de impresionarme. Todos los recién casados tienen problemas... Háganme confidencias. Tal vez después de hoy no nos volvamos a ver.

—Pues... —titubeé—. Cada día se aprenden cosas nuevas y la relación va cambiando... ¿Sabe, doctor? He reflexionado que, tarde o temprano, todos los matrimonios pierden la extraordinaria pasión del noviazgo. Eso me preocupa. Me pregunto si habrá alguna forma para mantener al amor siempre vivo.

—Claro que la hay —respondió—. Les voy a dar un consejo bastante heterodoxo. La mayoría de las personas a quienes se los he comentado protestan de inmediato. Aparentemente es ilógico, pero la pareja que lo practica tiene garantizada una vida amorosa mucho más plena y profunda.

—¿Cuál es?

—Cuando todo esté peor entre ustedes, acérquense uno al otro y trátense bien *aunque no les nazca*. Sean amorosos por fuera, aunque por dentro tengan deseos de estrangularse.

Fruncí las cejas sin entender.

—Imagínate que han discutido y ambos están enfadados. Vas a trabajar y regresas a casa de mal humor. A ninguno le apetece mostrarse cariñoso, pero ambos saben que el amor verdadero se sustenta más en la voluntad que en el sentimiento, y se esfuerzan por ser afables: Saludas a tu esposa con un beso, ella trae las pantuflas y te prepara una rica cena. Aunque haya una cuenta pendiente, el ambiente creado por el buen trato y el contacto físico permitirá saldarla más fácil. Si hay un enojo terrible, no discutan de inmediato. La ira los hará decir cosas de las que después se arrepentirán. Sepárense por un tiempo. Después abrácense, bésense, hagan el amor y entonces hablarán mejor... *ser cariñosos, aunque no les apetezca*, es como decir a la pareja: "tenemos algunos asuntos pendientes, pero nada que no pueda arreglarse... a pesar de cualquier problema, tú y yo seguiremos unidos..." ¿Comprenden? No me refiero a que aparenten ante los demás su amor, sino a que lo aparenten entre ustedes dos, en la intimidad. Nadie puede tener actitudes afectuosas por mucho tiempo sin recuperar el afecto... Los cónyuges inteligentes no actúan cariñosamente porque sientan amor; por el contrario: sienten amor gracias a que actúan cariñosamente...

—Vaya, vaya. Esto sí es interesante —dije con la vista perdida, y en un gesto de broma me acerqué a mi esposa para abrazarla.

—¿Y si uno siente deseos de darle un revés a su marido por hipócrita? —preguntó ella con una sonrisa enorme.

—En vez de eso abrázalo también, y más pronto de lo que se imaginan, el incendio de la ira habrá sido sofocado.

Se puso de pie para ir por una jarra de cristal con un líquido color durazno. Mientras servía los vasos señaló:

—Hay algo más que me preocupa. ¿Cómo han seguido relacionándose con sus respectivas familias?

Dhamar y yo nos miramos sin que ninguno nos atreviéramos a contestar. ¿El doctor era adivino? Había tocado nuestro talón de Aquiles. Fue Dhamar quien se animó a decir:

—Efrén visita a su madre casi a diario. Le da la mitad de lo que gana. Mi suegra, con muy buenas intenciones, no lo niego, me aconseja cómo cocinar y administrar mi casa, pero eso a mí me molesta.

—Y Dhamar no concibe un fin de semana sin sus papás —me defendí—. Nos reunimos con ellos todos los sábados y domingos, pero mis suegros sobreprotegen a su "bebita" y mis cuñados viven burlándose de nosotros.

Asaf Marín movió la cabeza. Era eso lo que se temía.

—Cuando la pareja cuenta con los elementos para triunfar en su matrimonio, sólo un obstáculo puede interponerse echándolo todo a perder: Las familias de ambos... Es posible que a cada uno por separado le siente muy bien la compañía de sus padres y hermanos, pero a la pareja puede serle fatal. Cuando, por ejemplo, se vive en la misma casa que los suegros, o cuando éstos gustan de husmear en la intimidad de los nuevos esposos, sobrevienen problemas gravísimos. Dhamar, Efrén, córtense el cordón umbilical de una vez. Aunque duela. Hagan un esfuerzo por darle preferencia a su matrimonio. Hablen cada uno con sus padres y pongan reglas claras. Sólo así podrán llegar a ser felices juntos. Millones de parejas pasan los domingos separadas, en sus antiguas casas. Estando en el nido donde crecieron, ninguno de los dos "hijos de familia" necesita a su cónyuge. Pero eso equivale a dejar de luchar por el hogar. No hay nada más cómodo que contarle nuestras tristezas a mami y sentarnos a comer la comida que nos prepara, pero tampoco hay actitud más inmadura y perjudicial. Tuve pacientes que, a punto de divorciarse, lograron salvar su matrimonio ¿saben cuándo?, después del fallecimiento de uno de los padres políticos que tenía gran influencia sobre sus vidas. Reflexionen, por favor. Si no existieran sus familiares y ustedes estuvieran solos, perdonarían sus errores con mucha más facilidad, al no tener que explicárselos a nadie. Sigan amando a sus padres y hermanos, porque esto es signo de entereza, pero declaren su independencia ante ellos. Si no cooperan, *aléjense*. Emprendan solos esa aventura extraordinaria que se llama matrimonio, con la misma despreocupación con la que desobedecían a todos *antes* de casarse. A mi juicio, si no es lo único que necesitan hacer, sí es lo más importante y urgente.

Dhamar y yo nos miramos de soslayo como dos niños que acaban de ser sorprendidos en flagrante travesura. Le tomé la mano y correspondió a mi caricia con un ligero apretón.

—Ahora háganos usted confidencias a nosotros —dijo mi esposa con su habitual agudeza—. ¿Cómo es que se va de cenobita?

Asaf Marín sonrió.

—Hace muchos años que vengo pensando cómo los hombres somos juguetes de las circunstancias —comentó—. Elegimos para vivir el sitio que de alguna forma se nos impone. Estamos a disgusto con muchas cosas, pero nos resulta más cómodo adaptarnos que cambiar... Siempre he soñado con poder, algún día, cancelar todos mis compromisos para dedicarme a lo que más me gusta hacer... No tengo familia y amo la naturaleza. Quiero morir cerca de ella, pintando, produciendo mi propio alimento, meditando, creando, acercándome a Dios...

Así que era en serio...

Miré hacia mi derecha y observé sin querer el retrato de la joven rubia.

—¿Y su novia? —pregunté con la desfachatez de alguien a quien se le ha dado demasiada confianza.

El doctor se encogió de hombros con un ligero rictus de desagrado.

—Yo no tengo novia, Efrén.

Bajé la cabeza avergonzado por haber sido imprudente.

—Me casé dos veces —continuó—. Ahora estoy solo... Mi segunda esposa murió en un accidente de tránsito... Dhamar estuvo en el sepelio.

—Pero esta casa —comentó Dhamar saliendo al rescate de mi embarazosa situación—, ¿no piensa venderla? Todo está tan arreglado, tan acogedor, que me parece difícil creer que se irá, dejándola así.

—Esa es una de las razones por las que me urgía verlos...

Se detuvo con un tono de nerviosismo que no le conocíamos. Mi desazón aumentó al escuchar eso. ¿Qué tenían que ver los bienes raíces del doctor con nosotros?

—He vendido todas mis propiedades, excepto ésta y otra más... Verán... La casa en donde viven —titubeó— ¿Cómo la consiguieron?

No contestamos. Mi corazón comenzó a latir más rápido. Antes de la boda yo le había comentado al doctor que un amigo de mi madre nos la prestó mientras encontráramos algún lugar definitivo, en renta... ¿Por qué nos preguntaba lo que ya sabía? ¿Acaso pensaba rentarnos la suya? Era mucho más de lo que podíamos esperar y merecer.

—¿Saben quién es el dueño del inmueble que habitan?

Movimos la cabeza asustados. ¿Es que él sí lo sabía?

Frunció las cejas... Le resultaba difícil decirnos lo que tenía en la punta de la lengua.

—El propietario soy yo...

Un extraño mareo que suele acompañar a las grandes sorpresas me hizo abrir los ojos de forma desmesurada. No había nada de malo en que el doctor nos hubiese dejado habitar provisionalmente una de sus residencias pero, ¿por qué lo hizo a través de mi mamá? ¿Por qué ambos nos lo ocultaron? ¿Es que acaso tenían una relación "especial"? ¿Era mi madre más que una buena paciente de él? Y, si no era así, ¿por qué el secreto? ¿Había algo de lo que pudieran avergonzarse?

La cabeza comenzó a dolerme como si una avispa hubiese incrustado su aguijón en mi sien. Recordé aquella primera comida frustrada, cuando invité a Dhamar a conocer la casa. Estando en la mesa, mi pretendida y yo comenzamos a comentar los problemas del doctor Marín. En ese momento miré cómo el rostro de mamá se había apagado de forma extraña: parecía más vieja de lo que era, callada, absorta, atrapada en sus elucubraciones. Tal vez no pensaba en la amenaza de la madre de Joana o del militar, sino en su terapeuta sexual... de quien nosotros estábamos hablando.

Y aquella noche, cuando me confesó nuestro pasado familiar, detecté que sus conceptos sobre el amor y el sexo eran demasiado coincidentes con lo escrito en la revista del doctor. ¡Ella la había leído antes que yo!

Mi mente trabajaba a mil ideas por minuto.

¡Qué ingenuo había sido!

—He querido que vengan para hacerles un obsequio —dijo nuestro anfitrión poniéndose de pie y comenzando a caminar en círculos, como si le faltara el aire—. Yo no necesito la casa en la que ustedes viven... Es decir, pensaba venderla, pero cambié de idea —tomó un sobre tamaño oficio que estaba en la mesa del comedor y extrajo de él varios folios—. Ten —me lo entregó—, es un poder notarial... para que, como dueños del inmueble, a partir de hoy hagan con él lo que quieran...

Dhamar tenía la boca abierta sin comprender una palabra. Yo no me atrevía a aceptar cuanto era obvio... Estaba a punto de explotar. Una ansiedad inmovilizante inundó cada uno de mis músculos. En ese momento recordé la incongruente y repentina solvencia económica que tuvimos los últimos dos años... Automóvil, computadora, ropa, tarjeta de crédito, alfombra, decoración...

—Y en esta casa en la que nos encontramos —dijo el doctor—, vivirá, a partir de la próxima semana, tu mamá, Efrén...

El choque emocional me hizo mover la cabeza. Cerré los ojos y me los froté con fuerza para recuperar la claridad de la vista. Queriendo sobreponerme fijé la mirada en un costado.

El retrato de la joven rubia apareció delante de mí con su bella sonrisa.

Leí la dedicatoria y sentí que la tierra se abría bajo mis pies. Decía:

Papá:

Te obsequio esta fotografía con todo el amor de mi ser.

Marietta.

10

Juventud en éxtasis

Perdí por unos minutos la lucidez mental. Asaf Marín de pie junto a la mesa del comedor me vio leer la dedicatoria del retrato, bajar la cabeza y crispar los puños cuando comprendí cuanto, entre líneas, él había estado tratando de decirme.

—Hace muchos años me fue quitado algo intrínseco —explicó con voz temblorosa—, un elemento entrañable sin el cual mi vida quedó mutilada... Curiosamente lo recuperé cuando había perdido todas las esperanzas de hallarlo... Y ahora que está frente a mí... lejos de sentir una alegría eufórica, me ha invadido una profunda tranquilidad.

Dhamar no entendía un ápice de las palabras del doctor. Yo me negaba a entender. "No es cierto, es mentira", me decía, "no puede ser verdad".

—Mi existencia se vino abajo cuando me divorcié —continuó—. En realidad todo estuvo mal desde el comienzo. El noviazgo que tuve con aquella hermosa mujer fue tan explosivo, sensual y rápido, que no nos dimos cuenta de cuán incompatibles éramos. Por eso les insistí tanto a ustedes que tuvieran cuidado de no cometer los mismos errores. La obsesión sexual en la soltería produce un desequilibrio enorme... —se detuvo y tomó aire—. No se imaginan las consecuencias que sufrí por haberme dejado seducir ante el espejismo erótico. Con decirles que cuando mi esposa y yo nos separamos estuve a punto de suicidarme... ¡Me resultaba imposible vivir en ese magno fracaso! Era intolerable saberme lejos de mis dos hijos, a quienes adoraba, y no tener el valor de reclamarlos. ¿Qué clase de vida podía esperarles al lado de un sujeto descalabrado, vencido, emocionalmente arruinado..? Su madre, al menos, había vuelto a formar otro hogar con un electricista...

Apoyado en la mesa, parecía a punto de languidecer, como un deudo recargado en el féretro de su ser más querido.

Dhamar parecía al borde de comprender, pero sin poder, sin atreverse aún... Rozó mi brazo con el suyo. Yo estaba inmóvil, aplastado, con la vista nublada y la garganta obstruida por una enorme masa de emociones reprimidas.

—Era químico farmacobiólogo —continuó Asaf—. Ante mi fracaso marital, busqué un escape: Hice revalidación para obtener el título de medicina y me empleé de tiempo completo en un laboratorio de investigaciones. Tener la mente ocupada día y noche, hundido en libros y compuestos fue una evasión perfecta durante varios años. Me dejé crecer el cabello y la barba y evité lo más posible el contacto con la gente. Contraté a un abogado para que se hiciera cargo de los trámites del divorcio. Tenía la autoestima hecha añicos, el ego destruido... Sólo deseaba olvidar. Me hubiese resultado imposible estar cerca de mis hijos sin abrazarlos, sin transmitirles mi desesperación, y la niña ya era bastante mayorcita como para darse cuenta. No quería causarles más conflictos.

Respiró hondo haciendo una larga pausa. Dhamar aprovechó para buscar un pañuelo en su bolsa de mano y tendérmelo. Era evidente, pensé, que la primogénita pudo darse cuenta del drama familiar y crecer con los pies en la tierra. ¿Pero el hijo menor? ¡Qué papel tan distinto había reservado el destino para él! Vivió envuelto en falacias y cuentos de hadas, siempre rezándole a la primera estrella del cenit, convencido de que en ella habitaba su padre...

—Así transcurrieron cuatro años —prosiguió—, me hice aficionado a los libros de desarrollo humano y, poco a poco, sus conceptos fueron tendiéndome lazos de los que me así para salir del hoyo. Un día, cierta doctora que dirigía la cátedra de cardiopatías en la Universidad, enterada de mis novedosas investigaciones, se presentó para invitarme a participar en un seminario de actualización médica. Como era de esperarse, rechacé su ofrecimiento; pero después, en un repentino deseo de salir de esa soledad asfixiante, me rasuré, corté el cabello y me presenté puntual al evento.

» La colega no me reconoció, pero luego de ver mis credenciales dijo con asombro que era mucho más joven y atractivo de lo que le parecí al principio. Su falta de recato me impulsó a preguntarle si aceptaría tomar una copa conmigo después de las actividades y ella accedió confesándome que también era divorciada... Me reí de la ironía del destino. Dos individuos azotados por las malas jugadas del ajedrez amoroso se encontraban para mezclar su tristeza tras un aburrido congreso. Esa fuerte emoción, similar a la que aborda a los jóvenes cuando se ven en la puerta de una aventura sexual, se apoderó de mí. Tenía mucho tiempo sin tocar el cuerpo de una mujer y, considerando nuestro estado civil, no teníamos nada que perder en un fugaz acercamiento físico. En cuanto terminó el trabajo, llevé a la doctora a mi casa. Charlamos mucho, vertimos la amargura de nuestros anteriores yerros y ya envueltos por el frenesí de la madrugada fuimos a la alcoba dispuestos a dejar que nuestros cuerpos desahogaran cuanto les fuera dable. Eran más de las dos de la mañana. Sonó el timbre de la puerta. Tardé en reaccionar, incrédulo de que alguien se atreviera a visitarme a esa hora y con tan evidente urgencia. Me metí en una bata y bajé las escaleras. El recién llegado acompañaba ahora los largos timbrazos con incesantes golpes a la aldaba. Entreabrí la puerta con precaución y casi me fui de espaldas al hallarme con quienes menos hubiera podido imaginar: mi exesposa y mi hija mayor. La niña había crecido mucho y aunque ya se adivinaban sus formas de mujer, aún conservaba el rostro infantil, el gesto inocente y los ojos enormes como de muñeca... Me hice a un lado impávido, con la piel exangüe por el asombro. Mi exesposa entró llorando.

» —Por favor, Asaf —me suplicó con el rostro tenso y deformado por el miedo y por un fuerte puñetazo recibido en forma reciente—, necesito ayuda. Necesito que te hagas cargo de la niña por un tiempo.

» Mi hija no parecía compartir la misma angustia. Más bien daba la apariencia de estar hipnotizada, como si de un momento a otro fuese a caer sin sentido.

» —¿De qué se trata? —pregunté con dificultad.

» —Se trata de Luis... Ya no lo soporto. Vivir con él ha sido un infierno. Perdóname, ayúdame, por favor... ¡Es un alcohólico! Golpea a tus hijos. ¡Asaf..! ¡Y entiende lo que te voy a decir!: Casi ha violado a Marietta... —un sollozo que brotó de su garganta le impidió continuar; después agregó—: Tienes que ayudarme, por favor... —y al decirlo, se acercó tanto que sus lágrimas mojaron mi pecho semidesnudo. Entonces comprendí que la aventura inconclusa con la cardiópata era sólo una niñería, que la verdadera razón de mi padecimiento crónico era el amor frustrado hacia esa mujer que estaba frente a mí; que el hogar anhelado era aquél que había dejado desintegrar... Ése por el que no luché lo suficiente...

» —Los niños deben vivir conmigo —contesté tratando de darle a entender que debían vivir con "nosotros". Puse una mano sobre su hombro en ademán de consuelo para decirle sin palabras que podía confiar en mí... cuando levantó la cara y se encontró con mi invitada quien, sin haber tenido la precaución de vestirse por completo, contemplaba el drama desde la escalera...

» Su llanto se cortó. Abrazó con fuerza a Marietta y salió de la casa con paso rápido.

» —Espera —le grité.

» —¿Qué le pasa a la niña? —preguntó la doctora.

» Marietta se bamboleó antes de caer al suelo desvanecida. Traté, con ayuda de la doctora, de reanimar a mi hija suponiendo que después podría alcanzar a la madre en su casa. En cuanto volvió en sí, le preparamos una cama cómoda y la dejamos durmiendo. Le pedí a mi colega que se quedara a cuidarla. Accedió y fui directo a mi antigua casa. Manejé el largo camino con la vista fija y los puños crispados en el volante. Al llegar, bajé del auto temblando y toqué la puerta usando los nudillos, pero se hallaba entrecerrada y a mi contacto se abrió con un leve rechinido. Entré con sigilo y hallé un tremendo desorden, como si alguien hubiese registrado la alacena, los cajones y roperos con mucha prisa. Tal vez un ladrón, pensé...

Escuché sonidos provenientes del piso superior; algo similar a los gemidos ahogados y leves de un hombre moribundo. Me armé de valor y subí con pasos suaves. Hallé a Luis, el tipo que cuatro años antes usurpó mi lugar, tirado en el suelo, cubierto de sangre, volviendo en sí de un golpe traumático e intoxicado por el alcohol. Telefoneé a la policía y a la Cruz Roja para salir en busca de mi exesposa y de mi hijo menor, pero no había rastro de ellos por ningún lado.

» Al día siguiente, Marietta me contó lo ocurrido. Fui con ella al Ministerio Público y levanté una denuncia en contra de aquel individuo. Invertí una gran suma en reunir las pruebas suficientes para aprehenderlo. No resultó sencillo por carecer de la testigo principal. Todo el coraje contenido contra el hombre sin escrúpulos que sedujo a mi mujer, se volcó en la investigación y en el proceso judicial. Así que, del hospital fue a la cárcel. Sin embargo, la búsqueda de mi hijo de cinco años, a quien dejé de ver cuando era apenas un bebé, y de su madre fue inútil. Parecía como si se los hubiera tragado la tierra. Ella se escondía de aquel alcohólico violento y vengativo sin saber que estaba en prisión... Marietta y yo recorrimos sin resultados toda la República visitando amigos y familiares. Nadie los había visto. Nadie sabía nada de ellos... Así que volvimos a la capital y en cuanto dejé de ocupar mi atención en revisar mapas y descartar ciudades, me di cuenta de algo terrible que había pasado por alto: el problema psicológico de Marietta. Mi hija desarrolló un secreto pánico a los hombres; en todos veía a su padrastro velado y tampoco confiaba en mí. Comencé a devorar las obras de todos los psicoterapeutas famosos, pero sólo me di cuenta de mi ignorancia en el tema. Hice una maestría en terapia sexual. Eso me condujo a comprender gran parte de mis propios errores y con el paso del tiempo fundé la clínica que ya conocen...

Asaf Marín se interrumpió para caminar hacia nosotros y sentarse en el sillón que había dejado. Tomé entre mis manos la fotografía de mi hermana y la miré. Si observaba con detalle podía distinguir un corte de cara similar al mío y una forma de labios idénticos a los de mamá...

—¿Y ella? —Pregunté sin mirarlo— ¿está bien?

—Sí. Se rehabilitó por completo. Estudió psiquiatría y me ayudó en miles de detalles cuando inauguré la clínica. Convivimos mucho. Aprendimos juntos. Crecimos de la mano, unidos por ese íntimo secreto, que no revelábamos a nadie, de tener extraviados en algún lugar del mundo, ella a su madre y hermano y yo a mi hijo y exesposa. Pero la falta de noticias y la cada vez menos frecuente conversación que manteníamos al respecto, nos hizo llegar a pensar que todo había sido un sueño del pasado. Así que Marietta viajó al extranjero para realizar una especialidad en trastornos de la infancia y yo me volví a casar. Mi nuevo matrimonio duró poco. Una eventualidad terrible me arrancó de las manos a mi segunda esposa... Entonces justiprecié los verdaderos valores del ser humano: el amor y la vida... Después de tantos años de rebeldía espiritual y apego a la ciencia, entendí cabalmente el mensaje de Dios. Calibré la poca trascendencia de las cosas por las que tanto luchábamos: negocios, prestigio, bienes materiales... Me entregué al Señor (yo, que siempre fui un aferrado antagonista de sus preceptos) y Él, con su infinito silencio, me dio una nueva oportunidad... Me hice aficionado al naturismo, aprendí a relajarme y busqué respuestas más profundas a las preguntas que creía haber contestado hacía mucho tiempo. Entonces mi existencia comenzó a tener otro sentido. Algo grande, difícil de explicar se cernió sobre mis hombros haciéndome comprender mi razón de vivir. Comencé a dar pláticas sobre psicoterapia de la oración y he aquí que, en una de ellas, hace un par de años, la vida me dio el golpe maestro: estando a la mitad de la conferencia, reconocí a la madre de mis hijos sentada en una de las butacas centrales. Me interrumpí por un momento, perturbado. Apenas terminó la sesión bajé del podio directo hacia ella. Esta vez no nos abrazamos. Le invité un café para averiguar si, aún con todo, era posible comprender lo incomprensible, reconstruir lo irreconstruible; pero no.

Ella había hecho su vida a su modo y era feliz junto a nuestro hijo y yo había construido la mía a mi modo y era feliz solo... Me comentó lo difícil que le fue abrirse paso en un poblado fronterizo en el que no conocían a nadie y cómo hacía tres años volvió contigo a la gran ciudad buscando las mejores escuelas superiores. Ella me dio su dirección y su teléfono, yo le di mi tarjeta para que me llamara siempre que lo necesitara.

La cabeza comenzó a darme vueltas como si la razón y el buen juicio estuviesen a punto de abandonarme. Me molestó la suposición de que se hubiesen telefoneado con cierta frecuencia para comentar mis evoluciones sexuales.

Algunos recuerdos me distrajeron:

—¿Efrén Alvear? —Preguntó el doctor en cuanto entré a su privado por primera vez, como si mi nombre le causara cierta desazón—. ¿Quién te recomendó conmigo?

—Nadie.

Levantó la vista incrédulo.

—¿Estás seguro?

—Sí. Hallé su tarjeta por casualidad.

—Yo conozco a tu madre... Pero descuida. Mantengo todos los casos de mis pacientes en riguroso secreto profesional.

—Eso espero.

Me froté el cabello tratando de volver al presente, pero no pude.

—Llevo tres años trabajando para el doctor Marín —comentó Dhamar—, y me he dado cuenta que siempre investiga los antecedentes familiares de sus pacientes.

—A mí no me preguntó nada de eso.

Y luego se repitieron en mi cerebro frases aún más impresionantes dichas por mi madre en su confidencia.

—Lo primero que hice en aquel pueblo fue invertir todo lo que llevaba para comprar un juez que te registrara con nuevos datos. Yo también adquirí identificaciones falsas y recomenzamos una nueva vida.

El corazón, más magullado y aporreado que nunca, me dio un nuevo vuelco. ¿Eso significaba que..?

—Mi verdadero nombre no es Efrén Alvear, ¿verdad? —Pregunté apenas.

—Bueno, originalmente también te llamabas Asaf Marín.

Una daga helada traspasó mi cerebro produciéndome un prolongado escalofrío. ¡Asaf Marín! ¿Y cómo es que mi hermana me escribió en su carta que, en caso de tener un hijo varón, se llamaría Efrén?

No supe si la casa me daba vueltas porque estaba a punto de perder el sentido o porque ya lo había perdido.

—Después del reencuentro con tu madre —explicó Asaf como si hubiese leído mis pensamientos—, ella se puso en contacto con Marietta. Se escribieron largas cartas y a veces se telefonearon. Todos discutimos, antes de tu boda, si debíamos decirte quién era yo, pero tu hermana opinó que no era justo provocarte la tensión de ver a tu padre "muerto", encarnado en un doctor a quien le tenías cierta confianza, para ser acompañado por él al altar. Tu mamá y yo estuvimos de acuerdo. En lo más hondo de mi ser, yo sólo quería que me siguieras viendo como el amigo verdadero en quien puedes confiar de forma incondicional.

Miré al suelo extraviado en ese universo de ideas difusas. Ahora los consejos del doctor, al igual que los de mi hermana y madre, perdían gran parte de su fuerza. Todo lo que aprendí de ellos era verdad, pero no toleraba la idea de que me hubieran aleccionado con la ventaja intelectual de saber cuánto yo ignoraba.

Moví la cabeza tratando de recobrar mi ecuanimidad. ¡Era comprensible que me lo hubieran ocultado! ¡La energía sexual incipiente de mis padres les estorbó para fundamentar bien su vida marital y con ello perjudicar a sus generaciones posteriores! ¡Ellos requerían mucho tiempo y paciencia para hacerme comprender que el sexo deformado por el libertinaje y la falta de madurez de sus usuarios es comparable a la energía nuclear mal dirigida! ¡Que el deleite de un orgasmo pasajero no les permite a los amantes ver la verdad de las cosas! ¡que la juventud está en éxtasis ante el espejismo de la sensualidad y que esa absorción le impide tomar decisiones cardinales..!

Levanté la vista deshecho y vislumbré a Asaf Marín frente a mí. Adiviné que con su ingente sabiduría, nada le gustaría más que volver a vivir sus años mozos y no cometer los errores que cometió.

Me puse de pie apoyándome en Dhamar. No tomé los documentos notariales que nos hacían propietarios del inmueble en que vivíamos. Tampoco dije una sola palabra. Caminé hacia la puerta con la dificultad de un sobreviviente de la catástrofe y procuré pasar por alto la postura solícita de nuestro anfitrión, que me veía como un anciano esperando el dictamen del médico que lo ha examinado.

Dhamar me miró suplicante. No quería dejar ese lugar así. Amaba al doctor y era injusto reprocharle lo que no tenía remedio. Pero a mí me urgía respirar el aire fresco, escapar de tanto conflicto inextricable. Quizá después volveríamos a visitarlo o le telefonearíamos o le escribiríamos...

Giré el picaporte de la puerta principal y salí a la calle. Mi esposa se quedó atrás despidiéndose. No volví la cabeza. Sentí el viento vivificante de la noche e inhalé hondo.

Llegué al automóvil y me subí a él. Lo puse en marcha. Dhamar llegó corriendo y me incliné para levantar el seguro de su portezuela. Accioné la primera velocidad e hice avanzar el vehículo dispuesto a dejar atrás el pasado.

Entonces, miré de soslayo al doctor que, de pie en el patio, cual estatua de prócer resignada a su eterna soledad, nos contemplaba.

Nunca entenderé el mecanismo del sistema emocional humano. La determinación que unos segundos atrás me hizo huir, se desvaneció ante la energía inmensa que comenzó a presionar mi pecho a punto de estallar como tanque de gas. Accioné el freno. Mi respiración se hizo agitada y violenta poco antes de la implosión. Apreté con fuerza el volante y me recliné sobre él al momento en que me dejaba vencer por una enorme congoja. Comencé a llorar abiertamente, con sollozos doloridos, intensos, profusos, graves. Dentro del auto, con la única compañía de mi esposa, ya no me preocupé por reprimir los fragosos gemidos que brotaban de lo más profundo de mi ser. Lloré tanto, que sentí que el alma misma escapaba, deslavando mi interior de toda impureza.

Como pude, salí del auto. Mis movimientos fueron torpes y flemáticos. Con el rostro empapado caminé hacia el viejo que, conmovido, sonreía al ver que me acercaba a él. Entonces aceleré mis pasos y llegué hasta sus brazos. Cerré los ojos muy fuerte. Sus lágrimas mojaban mis mejillas y las mías empapaban las de él. Quise hablar, decirle que estaba impresionado hasta las raíces por su manera de proceder, que lo admiraba. Traté de agradecerle, expresarle que estaba orgulloso de llamarme como él, aunque nadie lo supiera... Pero no pude articular ni una frase; sólo gemía apretando mi dolor contra el suyo, sintiendo, a mi vez, su magno, poderoso, afligido abrazo...

Yo siempre soñé con subir a la estrella del cenit y decirle a mi padre, sin palabras, de qué forma lo amaba y cuánto me había hecho falta... Esa noche se cumplió mi sueño.

Epílogo

Hija:

La tarde en que comencé a escribir estas páginas, vi por accidente que tu novio te acariciaba. Estaban en el auto, besándose, y tú te defendías indecisa de sus apasionados juegos. No me alarmé. Tienes quince años y eres una joven normal, muy hermosa. Todos hicimos eso alguna vez, pero yo estaba ansioso de poder compartir contigo mi experiencia al respecto. Abrí la ventana y te grité para que entraras.

Apenas lo hiciste te pregunté si pensabas llegar a tener sexo con aquel muchacho. No fue una forma muy diplomática de abordar el tema. Enojada te diste la vuelta para salir.

—Espera...

Te detuviste en el umbral de la puerta. El escote triangular de tu vestido dejaba a la vista la piel blanca de tu juvenil espalda.

—No te disgustes —supliqué acercándome—. Miles de hombres darían cualquier cosa por tenerte y me atrevo a suponer que ésta sería tu primera experiencia... Pero antes de que eso ocurra, me gustaría que supieras algunas cosas de mi pasado...

Te volviste muy despacio con gesto desafiante.

—Muy bien. ¿Qué es exactamente lo que tratas de decirme?

Quise entrar en materia pero no conseguí más que tartamudear. Tu actitud apremiante y molesta bloqueó toda posibilidad de comunicación profunda. Hilvané un par de mentiras para eludir la escabrosa situación y di por terminada mi confidencia.

—¿Algún día me contarás la verdad?

Asentí con tristeza.

No te despediste al abandonar el lugar.

Apenas me quedé solo, busqué una hoja blanca para escribirte:

Hay tiempo para sembrar y tiempo para cosechar; tiempo para abrazarse y tiempo para abstenerse; tiempo para disfrutar la soledad y tiempo para compartir la intimidad; todo lo que se quiera hacer a destiempo, según el orden natural, será vano y nocivo.

Los hombres no disfrutamos nuestro presente porque siempre deseamos otro y, cuando logramos tener ese otro, sufrimos inconsolables por haber perdido el anterior. Hace poco escuché a un cómico decir que los niños quieren ser adultos, los mayores quieren ser niños, los jóvenes quieren estar viejos, los viejos quieren estar solteros, los solteros quieren estar casados, los casados quieren estar muertos...

En cuanto a las relaciones sexuales prematrimoniales, hay algo que necesito dejar bien claro:

Puedes tenerlas si así crees que te conviene. Yo no te lo reprocharé. Te querré siempre igual. Respetaré tus decisiones sin importar que yo esté de acuerdo o no con ellas; pero si eliges entregar tu cuerpo, hazlo con pleno conocimiento de lo amargo que vendrá y no sólo de lo dulce del momento.

Detuve mi escritura y observé la prolija carta. Estaba bien, pero no, no era suficiente con eso... Necesitaba que me creyeras, que aprendieras de mis heridas sin tener que sufrirlas...

Dicen que nadie experimenta en cabeza ajena, pero es mentira. La gente de mayor inteligencia, sí... Es un rasgo de sabiduría escuchar, leer y aprender de cuanto piensan otros.

Entonces mis reflexiones fueron interrumpidas por la voz de Dhamar desde la cocina.

—¡Ya está la cena!

Regresaste a mi estudio y me preguntaste con timidez:

—¿Quieres que te traiga tu plato, papá?

—Te lo agradecería.

Pero no te moviste un centímetro del sitio en el que permanecías de pie, observándome.

—Cómo me gustaría que recordaras cuando tenías mi edad —susurraste—. No me agrada que me trates como a una niña.

Asentí. Me acordaba perfectamente. De hecho, era algo que no podía apartar de mi pensamiento al verte...

—¿Sabes?—cambiaste el tema con una sonrisa enorme—. Te voy a decir algo que te hará feliz. Hoy llegó una carta de mi abuelito, Asaf.

Me puse de pie.

—¿Dónde está?

—Mamá la tiene —y al decirlo fruciste el ceño—. Qué tonta soy. Quizá ella pensaba dártela como sorpresa en la cena.

Inhalé hondo. Te miré de frente a los ojos y mi ansiedad se esfumó por completo. Extendí el brazo derecho para que te acercaras. Lo hiciste alegre de sentir mi calidez. En ese momento me di cuenta de qué era exactamente lo que debía escribirte. No una simple carta, sino un libro.

Acaricié tu cabello y te abracé por la espalda para caminar contigo rumbo a la cocina.

Este libro se imprimió en febrero de 2022 en:
los talleres de Litográfica Ingramex, S.A. de C.V.
Centeno 162-1, Col. Granjas Esmeralda
Ciudad de México C.P. 09810
ESD 7b-07-4-M-3-02-22